华夏文库·佛教书系

重山烟雨存古刹

西南诸名寺

张美　著

大地传媒　中州古籍出版社

《华夏文库》发凡

毫无疑问，每一个时代都有属于自己时代的精神追求、文化叩问与出版理想。我们不禁要问，在21世纪初叶，在全球文明交融的今天，在信息文明的发轫初期，作为一个中国出版人，我们正在或者将要追求什么？我们能够成就或奉献什么？我们以何种方式参与全球化时代的文化传播进程？在一连串的追问下，于是，有了这套《华夏文库》的出版。

自信才能交融。世界各大文明在坚守自身文化个性的同时，不约而同地加快了探视其他文化精神内涵的步伐，世界不同文明正在朝着了解、交流、碰撞、借鉴与融合的方向前进。在此背景下，建立自身的文化自信，正是与世界各文明民族进行文化交流的基本要求。五千年中华文明与文化正在不断地被其他文明所发现、所挖掘、所认知，汉语言正在生长为世界语言，儒文化正在世界各地生根发芽。

借助这样一种正在成长着的文化自信、自觉、开放、亲和之力，用我们这个时代的学术眼光全面系统梳理中华五千年的文明与文化，向其他各大文明与文化圈正面展示自我，让中华优秀文化成为世界文化的重要组成部分，正是我们出版这套文库的目的之一。此其一。

知己才能知彼。身处五千年文化浸润的今天，重新思考我们先人的人生思考、价值思考与哲学思考，找到一个民族、一个国家的价值所在、立命所在、安身所在，这已经是我们这个时代的学人与出版人不得不再思考的问题。作为中华文明的一分子，我们在思考的同时，还必须了解我们的先人创造了如何优秀的精神文明与物质文明以及社会文明。只有熟知自己的文化，热爱自己的文化，悟明自己的文化，我们才能宣说自己、弘扬自己、光大自己。因此，我们策划组织这套《华夏文库》的初衷，还在于让当下的知识青年全面系统瞭望中华文明与文化的全景，并借此能够对更为深广的世界各民族文化提供一个比较认知的基础。此其二。

顺势才能有为。我们正处在农耕文明、工业文明、信息文明的交汇处，信息文明带领我们从读纸时代进入读屏时代，以智能手机屏幕为代表的书籍呈现方式正在与纸质书籍争夺阅读时间与空间。我们正在领悟数字技术，正在以信息文明的视角，去整理、分析和研究农耕文明与工业文明的文化遗产，不仅仅是为了唤醒优秀的传统文化，我们还在生发和原创着当今时代的文化。由此，我们试图架起一座桥梁——由纸质呈现而数字呈现，由数字呈现而纸质呈现，以多媒介的书籍呈现方式，将文字、图像、声音与视频四者结合，共同筑成《华夏文库》以奉献给信息文明时代的新读者。此其三。

总之，这是一套——专家大家名家写小书；以最小的阅读单元，原创撰写中华精神文化、物质文化与社会文明系列主题与专题；以图文、音视频多媒介呈现的方式，全面介绍与传播中华文明与优秀文化，系统普及与推介中华文明与文化知识；主旨是为了让世界与中国共同了解中国的——大型丛书，借此，复兴文化，唤起精神，融入世界。

耿相新

2013 年 6 月 27 日

目 录

九　遵义湘山寺

十　昆明西山诸寺

小知识目录

一 成都宝光寺

——蜀中首刹

宝光寺位于成都市北郊 18 公里处的新都区，是我国历史悠久、结构完整、环境清幽的佛教寺院之一。1983 年被国务院确定为西部地区的佛教全国重点寺院。2001 年，宝光寺被国务院公布为第五批全国重点文物保护单位。

1. 从隋代大石寺说起

宝光寺历史悠久。相传，它始建于东汉时期，但具体是否如此已无信史可考。不过，据其“寺塔一体、塔踞中心”的建筑格局，可知其建造最晚也可追溯至隋代，当时称大石寺。现今，宝光寺一直屹立在此，其历史沉淀之深厚引得当今不少香客朝拜，其香火繁盛如旧。

相传，宝光寺是我国历史上最早的一批寺庙之一。唐广明元年（880年）末，黄巢率领的农民起义军攻破长安，唐僖宗李儇逃至成都，驻跸大石寺。清同治十一年（1872年）《重修宝光寺浮图记》载：“唐僖宗幸蜀，舍利放光，掘出石函，有如来舍利十三颗，莹彻明洞，不可方物，乃召悟达国师为建浮图十三级，以精蓝名曰宝光。”僖宗见福感塔下有宝光四射，因名之曰“宝光寺”，自此，大石寺更名为宝光寺，悟达禅师亦因此被尊为宝光寺的开山祖师。从此以后，宝光寺佛法广布，寺名广为人们所知。

不过1996年5月在宝光寺内出土了唐代《施衣功德碑》，这最新的资料表明，唐玄宗开元二十九年（741年），这里已经叫宝光寺了。

寺中的佛塔，称为宝光塔。然而对于具体是什么时候开始称为宝光寺的，目前学界各执一词。但是这也说明了一个事实，那就是宝光寺的历史非常悠久。

宝光寺自建起始，一直规模宏大，香火兴盛。宋朝名僧圆悟法师任宝光寺住持时，寺内僧人达3000多人。明时，内阁首辅杨廷和等人常捐资修寺，使得宝光寺得保昔时之庄严。然而，明末时，到处硝烟弥漫，战火纷飞，宝光寺未能幸免于难，毁于兵火。清康熙、乾隆时，因对佛教的重视及统治的需要，朝廷不断拨巨款支持破山法师的弟子重修殿宇、重兴佛法。经过清朝200多年的修复，宝光寺得到全面恢复。宝光寺以布局之完整、建筑之宏伟、塑像之精美而闻名遐迩，被称为蜀中首刹，与成都文殊院、扬州高旻寺、镇江金山寺并列为长江流域地区的“四大丛林”。一直到民国时期，都是如此。

中华人民共和国成立后，中央多次拨款维修宝光寺，使年久失修的罗汉堂等建筑完好地保存下来。该寺在随后的几年间，在僧人的管理下，作为佛教场所对外开放，同时广布佛法，弘扬爱国主义精神。

“文化大革命”期间，红卫兵多次闯进宝光寺，要求捣毁佛像，破除“四旧”，都被新都县委劝阻。在危急时刻，周恩来总理及时出面，指示寺庙要尽可能保护，宝光寺才得以保其精髓，免遭破坏。

中共十一届三中全会以后，宗教信仰自由政策得到贯彻落实，宝光寺的宗教活动得到恢复。

2. 禅宗仪轨

宝光寺规模宏大，建筑精美，其布局安排严格地遵循了佛教禅宗的仪轨制度，主要由一塔（舍利塔）、二坊（天台胜境坊、庐山遗迹坊）、三楼（钟楼、鼓楼、藏经楼）、四殿（山门殿、天王殿、七佛殿、大雄殿）、八堂（伽蓝堂、客堂、斋堂、戒堂、禅堂、法堂、影堂、祖堂）和十六庭院组成。严谨细致的安排，展现了中国佛教寺庙的整体风貌。全寺占地面积达 9 万多平方米，建筑面积 2 万多平方米，东、西、北角有三大片园林。此等建筑，在全国亦不多见。

出新都城，沿宝光街，绕过“福”字照壁，即来到红墙绿树环绕的宝光禅院。山门殿前，一对大石狮子雄峙左右，使得寺院更显庄重。殿堂之内，两侧各塑一尊天神，名叫金刚力士，亦称哼哈二将。他们上身裸露，手持宝杵，龇牙咧嘴，怒目圆睁，使人见之颇感震撼。此外，与其他寺院不同的是，宝光寺还有明代新都人、内阁首辅杨廷和与状元杨升庵父子的塑像。他们不仅是当时著名的政治家和文学家，还是捐资修寺的大功臣，故后人为纪念而立其塑像。

出山门殿，正对的则是天王殿，其殿前挂着“一代禅宗”的匾额。

宝光寺佛殿屋顶

宝光寺内佛殿屋顶上的雕龙和佛像装饰细致纤巧，做工精美，手艺非凡，反映出了我国佛教建筑的高超技术

天王殿建于清同治二年（1863年），殿内两边塑着神武的四大天王，即东方持国天王、西方广目天王、南方增长天王、北方多闻天王，此四人既护持佛法，又护佑人间风调雨顺。天王殿正中为弥勒佛的塑像，因其“慈眉善目”而广为人们喜爱，亦因其“心怀慈悲”，故名弥勒。殿后有明代石刻的《尊胜陀罗尼咒》石经幢，故天王殿亦称尊胜宝殿。

过天王殿，即见舍利宝塔，塔的两旁就是闻名于世的钟楼、鼓楼。这两座楼屋顶卷棚，青色筒瓦，飞檐翘角，宏伟壮观。钟楼上挂了一个洪钟（亦称“犍椎”），声音清脆悠远，因此，有匾曰“钟敲鹤起”；与此音声相和的则是鼓楼上的巨鼓，鼓声如雷声一般响亮，也有一个匾，曰“鼓击龙飞”。这两样物件既是寺院生活起居的讯号，同时也是佛教仪式的重要法器。钟楼前方即为“天台胜境”牌坊，此坊可通

宝光寺舍利塔

向罗汉堂，因得浙江天台山传为唐代五百罗汉现身应世之地而名；鼓楼前方的“庐山遗迹”牌坊，因江西庐山传为东晋高僧慧远结社念佛之地而名。

穿鼓楼，过客堂，即为伽蓝堂。伽蓝，梵语中僧伽蓝摩的略称，意为众僧居住的庭园。宝光寺的伽蓝堂内塑有三尊神像，左为祇陀太子，右为给孤独长者，中为十八伽蓝神之一的广目神。根据佛门所订立的规矩，凡是云游到此居住的僧人，都要到伽蓝堂来进行礼拜。堂前挂的是“从哪里来”的匾额。

与伽蓝堂相接的则是七佛殿，建于清咸丰十一年（1861 年），殿内有七尊三龛佛像。七佛的名号因各经书所列不同，不能统一，佛界则根据其手印来判定。宝光寺内的七佛均为贴金站像，每尊达 5 米多高。殿后有韦驮的站像。韦驮（韦天将军），是南方增长天王的八大神将之一。其英俊神武，身穿武士装，手执金刚杵，护卫着对面大雄殿的释迦牟尼佛。

大雄殿是全寺的主殿，建于清咸丰九年（1859 年），布局精美，结构雄实，宏伟壮观。大雄，梵语摩诃毗罗的意译，即如大力士一般，无畏一切，古印度佛教徒用它来作为对释迦牟尼的尊称。大雄殿正中是释迦牟尼说法像，两旁各站着弟子迦叶和阿难，殿后龛内为手托莲花的阿弥陀佛塑像。此殿内宽敞广阔，蒲团安放整齐，供奉的器具非

万佛阁檐角的装饰

常精美。钟、鼓、木鱼等法器均按佛教仪轨陈列，时刻都是香烟缭绕，这里是寺僧早晚上殿课诵和礼佛的地方。

大雄殿的左侧为斋堂。斋堂，顾名思义，就是寺僧吃饭（又叫过堂）的地方。堂内桌凳整齐排放，正中是法台，梁上挂着清人杨道南撰书的《游宝光寺值从僧早斋初毕有感而作》的诗匾一道。堂外挂着的鱼头是向外的长形木鱼，此木鱼称为“梆”，所谓“梆响过堂”，就是指梆响时，僧人吃饭，此为信号。此外，梆悬挂的方位是有讲究的：十方丛林鱼头向外，子孙寺庙鱼头向内。宝光寺是十方丛林，因此鱼头向外。右侧为戒堂，是沙弥来寺求戒居住的地方。戒堂所挂“万寿戒坛”的匾额，系清四川按察使黄云鹄所书，笔法遒劲，姿态优美。

宝光寺的檐廊

毗邻戒堂，即可通向一座幽静的四合庭院，正中为禅堂，亦名大徹堂。堂内塑有药师琉璃光佛（又名大医王佛）像。两旁禅榻，则是僧人们参禅打坐的地方。

过禅堂，即可见藏经楼。此楼精美富丽。据闻其工程浩大，动工于清道光二十八年（1848 年），建成于咸丰元年（1851 年），前前后后共花了 4 年时间。楼高 20 米，与舍利塔不相上下，因此藏经楼楹联有“一楼与一塔齐高”之语。此楼占地 1000 多平方米，为全寺最大的一重殿。楼上珍藏有清朝雍正、乾隆年间印行的佛教《大藏经》，共 366 函、6361 卷。楼下是法堂，是宝光寺历代方丈升座说法的地方。

藏经楼西侧即是影堂，影堂中间塑有禅宗初祖菩提达摩像。菩提达摩是南印度人，南朝宋末到广州，应梁武帝之请到金陵（今南京市），后渡江到洛阳，入嵩山少林寺，面壁静坐9年。慧可继承其禅法，于是禅宗得以在中国流传。据闻因过去堂内挂有禅宗历代祖师的画像而叫影堂。目前，连同其对面的廊房（老祖堂）都已被辟为佛教文物陈列室。

老祖堂后有一个规格完整、建筑精美的四合庭院，正北即是新建的祖堂。祖堂正中龛内，为明代破山祖师的弟子笑宗和尚的塑像，龛壁供奉着禅宗天竺二十八祖及中国历代祖师的牌位。庭院中，笑宗和尚的骨塔和衣钵冢高高地耸立着，使人更易觉察到祖堂的肃穆庄严。

藏经楼两侧，各有双扇拱门一道，上书"狮窟""龙潭"。两门各通东西方丈的居室、客堂和花园，"狮窟"门通东方丈（现任方丈和尚），"龙潭"门通西方丈（退休方丈和尚）。无论是建筑格调还是环境布局上，两处都可称为宝光寺十六庭院中的典型。

宝光寺的殿堂布局，既显现了中国建筑艺术的精美，又体现了中国禅宗寺庙的构建体系。因而，无论从哪个方面讲，都有着重要的意义。

3. 最美之“罗汉堂”

“罗汉堂”是宝光寺的特色，因其罗汉塑像之精美，艺术价值之高而著称于世。它与北京碧云寺、武汉归元寺、苏州戒幢律寺的罗汉堂并称四大罗汉堂。

宝光寺罗汉堂内共有罗汉雕塑 570 多尊，分为佛、菩萨、罗汉和祖师等。这些塑像造型多姿多态，栩栩如生，由清末道光年间南北派民间塑师分而塑成，且各有所长，异曲同工，有着非凡的艺术价值。据传闻，宝光寺的罗汉堂是仿杭州净慈寺、灵隐寺，常州天宁寺的罗汉堂图像而建并加以创造而成。这些塑像之精美，艺术价值之高，历史沉淀之悠久，规模之宏大，非它者所能比，故被称为国内最美的罗汉堂。

罗汉堂中的罗汉造型千姿百态：有正襟危坐、独自参禅者，有张口抬臂、口若悬河者，还有冥思禅定者……多之数不尽，放眼望去，眼花缭乱，人间的各种神情皆在其中有所体现。这些塑像之所以如此引人注意，在于雕者结合了现实主义和浪漫主义。这些罗汉中，尤为人所注意的是那与众不同的两座：第 295 位和第 360 位尊者，他们分

1917～1919 年，从四川新都至成都途中，十八罗汉雕像

别是康熙与乾隆的真容塑像。只见他们头戴风帽，肩披锦氅，身着龙袍，安然端坐于罗汉之中，不再是俗世皇帝。特别有趣的是，如果细细观察，还会发现康熙脸上有五个一团的梅花状麻子。据说因为他们二人捐资修寺，协助宝光寺的复兴而得到后人纪念，使得他们能够跻身罗汉堂之中。

这些罗汉每尊高约 2 米，全身彩绘贴金，线条明快，造型优美，姿势自然而准确，贴近人们的生活，是艺术之瑰宝。

4．宝光寺前紫霞涌

宝光寺因历史悠久，有很多的文物珍迹，这些珍迹具有很高的历史价值和艺术价值。据统计，约有文物 1300 多件，例如汉代的琉璃瓦、铜香炉，三国蜀汉章武元年（221 年）的铜鼎，唐显庆年间（656～660 年）的龙虎瓶、景泰蓝供器，建塔时所用的唐砖，唐僖宗遗址，等等，数量极多。尤为著名的是“寺中三宝”“寺中寺”以及“东方斜塔”和历代名人书画。

寺中三宝

所谓“寺中三宝”也就是指宝光寺的舍利子、优昙花和贝叶经。舍利子是佛祖圆寂火化后留下的珠状物，此物光莹坚固、击之不破，是后世佛教徒加以朝拜之物。释迦牟尼的舍利子有三种（白色的骨舍利、黑色的发舍利和红色的肉舍利），分由 8 个国家建塔供养。宝光寺的舍利子据说是在清光绪三十年（1904 年），由自信长老弟子真修和尚到锡兰（今斯里兰卡）所求得的。他去印度朝拜释迦牟尼胜迹之时，路经锡兰，见一舍利塔下有释迦的舍利子，便向锡兰僧人求之，不得，后整日绕转于舍利塔，锡兰王感其真心，赐予 15 粒舍利使其带回国。真修回来后，送给宝光寺两粒（一粒白色骨舍利、一粒黑色发舍利），宝光寺藏之于透明水晶球内，供奉于舍利宝塔内。此宝塔高达 20 米，建造精美，其身有“释迦如来真身舍利” 8 字。这座舍利塔平日不开放，只有在贵宾光临和佛教节日时，香客才能得以瞻仰和礼拜。

优昙花，又称优昙钵花，梵语意为祥瑞之花，产于喜马拉雅山麓、德干高原和锡兰岛等地。佛经称其 3000 年开花一次，实为罕见之物。宝光寺的这枝优昙花是印度使臣赠送给清朝皇帝的，收藏在宫里。后来，宝光寺住持妙胜法师赴京迎请《大藏经》时，道光皇帝钦赐其这

宝光寺，释迦牟尼舍利子

1917 ～ 1919 年，舍利塔

傣僧刻写贝叶经

东南亚小乘佛教的贝叶经，就是这样用竹笔在贝叶上刻写而成

支优昙花以示嘉许。花为铜质合金，高 155 厘米，花叶互生，箭簇形状，分 6 组，每组聚生数朵小花，隐于花托之中。

贝叶经，实为梵文《法华经》，为清光绪二十八年（1902 年），宝光寺僧人清福游历印度及东南亚等佛教国家时，暹罗（泰国）国王所赠。这部贝叶经长 48.5 厘米，宽 6 厘米，厚 6 厘米，共 131 页，周边涂有金粉，用丝线穿两孔而成。函装经书的木匣底部道出此经的由来："贝多罗真经，乃清福上人游印度拜得者，历二千余年之久，稀世法宝也。"可知其珍贵无比。现贝叶经和优昙花皆陈于藏经楼左侧的文物陈列室里，以供游人、香客参观。

寺中寺——净土宗

走进大雄宝殿，东侧，就可见到一座寺中之寺——净土宗寺庙建筑。它是由照壁、寿佛殿、极乐堂、念佛堂等几个部分组成。寿佛殿供奉着无量寿佛。而极乐堂则供着一尊玉雕释迦牟尼佛成道像，该雕像是清朝光绪年间，真修和尚从缅甸请回。念佛堂中有一座石雕舍利塔，此塔建于光绪三十一年（1905年），塔高5.5米，直径2米，为六边形楼阁式佛塔，塔身雕刻着释迦牟尼佛的故事，塔座雕有各种花卉鸟兽图案，塔中供奉着释迦牟尼佛和阿弥陀佛。整座塔造型精美，宏伟壮观，是清末石雕艺术的杰作。

四川新都宝光寺念佛堂内舍利塔

禅寺里面为什么会出现净土宗的寺庙呢？因为宋代以后，佛教其他宗派也兼修净土，而宝光寺自清朝以来的历代高僧大德，尤其是方丈住持，大都是禅、净双修的宗师，所以，在宝光寺就修建了净土宗寺庙。

东方斜塔——宝光塔

宝光寺正中即为宝光塔，它在天王殿之后，是一座高达30米的密檐式四方形砖塔。此塔塔身13层，每层四面以佛像嵌之，四角挂

1917 ～ 1919 年，从四川新都至成都途中，宝光塔

有铜铃，“晴天镜彩层层丽，风送铃声帮帮迢”。塔尖以镏金铜冠之，塔低层龛内塑有释迦牟尼贴金坐像，塔基为须弥座，八角砖石勾栏护持，这体现了早期佛教寺院“寺塔一体、塔居中心”的典型格局。此塔的确切建造年代虽已无从考证，不过隋朝时称“福感塔”，唐中和年间（881 ～ 885）重修，后来宋、明、清各代又都重修过，所以成为了宝光寺中的名胜古迹。整座塔庄重雄伟，稍向西倾斜，被誉为“东方斜塔”。如今，新都市还留传着这样一个传说：成都平原发生地震，宝光塔岌岌可危，众生奋不顾身，搭起高架加以保护，这种精神感动了天帝，天帝就派 9 位天神用肩背来保护它。可是，因护卫东方的天

神用力过猛而使得塔向西倾斜。这就是所谓“东方斜塔”的由来。

文物书画

宝光寺所藏书画丰富，达500多件，包括宋、元、明、清等历代名人的真迹。其中有宋徽宗的《白鹦鹉》，元赵子昂的《群马》，明唐伯虎的《红树青山晚归樵》，陈老莲的《荷花》，郑板桥的《翠竹》，文徵明的山水画，破山海明禅师、祝枝山、董其昌、杨升庵等人的书法，清王宫午的《双墨龙》，石龙道人的《竹鹤双钩图》，等等，以及书法家王文治、翁同龢、何绍基、刘石庵、龚晴皋、张船山等人的墨迹，还有近人张崇朴、杨承禧、康有为、赵熙、谢无量、张大千、徐悲鸿等人的画作。

此外，宝光寺还藏有很多的文物：有汉代的琉璃瓦、铜香炉，有四周刻满佛像的千佛碑，还有唐代显庆年间的龙虎瓶、景泰蓝供器等。

近年，宝光寺发展良好，由于积极对外开放，吸引了众多的香客到宝光寺进行礼佛朝拜。无形中提高了宝光寺的经济实力，也提高了宝光寺的知名度，同时也为西部旅游做出了重大的贡献。

小知识◎广元皇泽寺

广元皇泽寺即在四川广元（古称利州），旧名乌奴寺，又名川主庙，武则天称帝后更名。皇泽寺创建于北魏晚期，历经北周、隋、唐初等几个时期的不断发展，渐成规模。武则天执政后，为纪念自己的龙兴之地（武则天出生于广元），

四川广元千佛崖的寺庙及石窟

四川广元千佛崖历史悠久，寺庙建筑雄浑，石窟建造艺术高超，是艺术中的精品

始赐名“皇泽”，寓其“皇恩浩荡，泽及故里”之义，因而，从其创建之日算起，皇泽寺距今已有1500余年的历史。

寺内现有二圣殿、武氏家庙、武后真容殿、大佛楼、五佛亭、角楼等建筑，供奉有唐高宗、武则天真容和武则天父母武士彟、杨氏之像。尤其是武后真容殿，殿内的武则天真容像为石刻金妆，造型生动精美。这尊像是她晚年的形象，至今还存在寺内，属全国仅有。寺中还藏有中华人民共和国名誉主席宋庆龄对武则天评价的题词和郭沫若的对联。另外，值得注意的是，广元皇泽寺现存北魏至唐代的石刻摩崖造像使之成为国务院公布的第一批全国重点文物保护单位。皇泽寺景区还是文化部2004年命名的全国首批文化产业示范基地，是2006年命名的国家AAAA级旅游景区。

现今，皇泽寺内开凿于北魏至明清的6窟、41龛、1203尊摩崖石刻造像及其历代碑刻仍旧保存着。这些珍贵的摩崖石刻及碑刻不仅具有极高的文物价值，还具有极高的观赏和研究价值，因此被专家们誉为中华传统文化的瑰宝。而且自1987年中国唐史学会在广元隆重召开后，皇泽寺更是闻名中外，每年要接待数以万计的四海学者和八方游客。

现在的皇泽寺，系清代修复，其建筑依山傍势，古朴典雅，布局错落有致，气势巍峨，钟灵毓秀，融自然风光与文物古迹于一体，是广大香客光顾礼拜的好地方。

二 成都昭觉寺

——西南第一禅寺

有着西南第一禅林美誉的昭觉寺，位于今四川成都市北郊。昭觉寺历史悠久，高僧大德辈出，使得该寺宗风远播，声名卓著。

1. 沧海一度有莲花

昭觉寺对西南地区的人们来说，可谓大名鼎鼎，尤其是川西人，几乎无人不知昭觉寺。

说起昭觉寺，人们不禁想到青龙乡，昭觉寺正是坐落在此。在1983年，昭觉寺还被国务院确定为汉族地区佛教全国重点寺院，可见昭觉寺在佛教界的重要地位。

昭觉寺始称“建元寺”，因其在汉朝时是眉州司马董常的故宅，宅号“建元”，唐贞观年间改建为佛刹。唐僖宗乾符四年（877年），禅宗曹洞宗的传人休梦禅师任建元寺住持。任住持期间，他大建寺庙，构建殿宇，并奉圣旨易寺名为“昭觉”，而后一直沿用未改。休梦禅师在昭觉寺住持的23年里，佛法广布，香火日盛。据传唐僖宗避黄巢之乱来蜀时，曾诏他说法，休梦禅师由此受到器重，后唐僖宗更是赐其“了觉”禅师尊号，并同赐紫磨纳衣三事，龙凤毯一件，宝器盛辟支佛牙一函。因此，昭觉寺便奉休梦了觉禅师为开山祖师，也因此人们知道了昭觉寺。昭觉寺历史悠久，最早可追溯到唐朝，且文化积淀深厚，因此，至今一直是游人如织之地。

悠悠岁月，眨眼而过，屈指一算，从唐至今，昭觉寺已经走过了1200多年，所谓沧海桑田，亦是如此。其后的发展，有盛有衰，虽因时代而起，亦与当时的统治相关。

昭觉寺汉墓出土文物

东汉宴乐画像砖，1965年在四川省成都市昭觉寺汉墓出土

昭觉寺自了觉禅师起便香火旺盛。五代十国是战乱纷飞的时期，因时局动荡，战火蔓延，昭觉寺没能幸免于难，仅存“房舍五间，田土三百廛”。后来殿堂衰颓，寺庙荒芜，无人朝拜。直到北宋真宗大中祥符元年（1008年），才有了新的发展，即休梦法师五世法嗣延美禅师担任昭觉寺的住持，他用了30多年时间进行对寺庙的全面修复。到1040年左右，昭觉寺房舍增至300余间，大雄宝殿、唱梵堂、罗汉堂、翊善堂、六祖堂、列宿堂、轮藏阁、大悲堂等主体建筑，塑像、画像、碑记、寺额等恢复旧貌。不仅如此，昭觉寺此时经济实力也很雄厚。李畋《重修昭觉寺记》中载道：“供食之丰洁，法席之华焕，时一大会，朝饭千众，累茵敷座，未有一物，爰假外求。”可知，昭觉寺此时已非同一般。神宗元丰末年（1085年），禅宗临宗禅师纯白住持昭觉寺，开堂说法，从者甚多。而到圆悟禅师住持时，昭觉寺名播四海之内，一时听法之人，不计其数。当时昭觉寺法席之盛，无他寺可比，成为西南之首。由此，昭觉寺被称为“四川第一丛林”。

昭觉寺碑林

昭觉寺碑林中有著名的国师碑、破山禅师诗碑等

圆悟禅师

在禅宗和昭觉寺的历史上，圆悟禅师是一位影响比较深远的高僧。据传，圆悟禅师出生于北宋嘉祐八年（1063 年），圆寂于南宋绍兴五年（1135 年）。幼年出家后，禅师遍学经论。后来到蜀地，成为五祖山法演禅师的门下弟子。宋徽宗崇宁（1102 ～ 1106 年）年间，因禅师回家乡看望亲人而被当时的成都府帅郭知章迎住在昭觉寺。后来，政和（1111 ～ 1117 年）年间，禅师又到南方游玩。在荆南，遇到被罢黜相位的张商英，二人相谈，禅师渊博的学识让张商英这位“无尽

居士”大为佩服。于是，他便被张商英请来住在夹山灵泉院。在这里，圆悟禅师写出了历代禅宗著作中被推为奇书的《碧岩录》。从这里开始，禅宗从讲“公案”、斗“机锋”转向注释“公案”的阶段，因此，该书的出现不可不视为禅宗历史上的一个重要转折点，圆悟禅师也成为禅宗历史上不可不提的重要人物。再后来，禅师移住湘西道林寺，被赐紫衣并佛果禅师的称号。不久，他又移住金陵蒋山，使得来往的学者无地而容；继后又补天宁万寿寺，受到宋徽宗的礼待。建炎初年，宰相李纲奏请禅师住镇江金山，宋高宗就赐了他圆悟禅师的称号。不久，禅师迁往江西云居山。第二年，因金兵侵犯，圆悟禅师重新回到昭觉寺，一直到圆寂也没有离开。后人将他葬在寺内，谥号真觉禅师。

昭觉寺灵塔

由此可看出，圆悟禅师在两宋年间可谓禅宗界的一位重要人物。

不仅如此，圆悟禅师虽是杨歧宗下三传，他的《碧岩录》《圆悟心要》等著作，却是集该派之大成，使得禅宗之风得到大发展。杨歧宗在形成之后不久就恢复了临济宗旧称，临济宗后期的历史也就是杨歧宗的历史。因而，在中国禅宗的发展史上，圆悟禅师具有十分重要的地位。他作为杨歧宗下传的高僧，一生称首于内地七大丛林，宗风在大江南北广播，学者如天之繁星，被誉为“僧中管仲”，其弟子大慧宗杲、虎丘绍隆分开径山、虎丘两派，使得法嗣相续，遍及我国各地。直至现代，在临济禅法占主导地位的禅宗法门中，若追本溯源的话，都与昭觉寺的圆悟禅师有着莫大的关系。

国外亦是如此。杨歧禅法于南宋年间传入日本、韩国，至今已有800多年历史，镰仓时代的日本24派禅宗中，有20派出自杨歧宗；南宋、元、明时期到日本传法的中国禅师如兰溪道隆、无学祖元、一山一宁等高僧，也都是杨歧派的法裔。《碧岩录》被日本禅僧奉为圣典，收于大正藏经。昭觉寺也被日本禅宗奉为祖庭。

由此可见，作为杨歧宗的法裔，圆悟禅师在传承宗法上的重要性是别人无法比的，他的作为对禅宗的历史传承有着不可磨灭的贡献。

文人香客

宋时的昭觉寺，曲径通幽，溪流潺潺，环境优美，所以，当时的香客游玩到这里，无不流连忘返。不仅如此，昭觉寺还留有很多著名文学人物的足迹。如范缜，他曾题有《游昭觉寺》诗一首，云：

炎蒸无处避，此地忽如寒。

松砌行无际，石房禅自安。
鸳鸯秋沼涨，蝙蝠晚庭宽。
登眺见田舍，衡茅半不完。

此外，更有陆游《饭昭觉寺抵暮乃归》诗云：

自堕黄尘每慨然，携儿萧散亦前缘。
聊凭方外巾盂净，一洗人间匕箸膻。
静院春风传浴鼓，画廊晚雨湿茶烟。
潜光寮里明窗下，借我逍遥过十年。

丈雪通醉禅师

明朝末年，各地战火纷飞，昭觉寺作为一个重要的佛法圣地，不免受到波及，由此导致了昭觉寺殿堂倾、房舍毁，损坏严重。直至清朝初年，天下平定后，昭觉寺才得以从一片废墟中发展起来，而至中兴，这其中，少不了丈雪通醉禅师的重大贡献。

康熙二年（1663 年），与开建重庆华岩寺的圣可、新都宝光寺的笑宗等同为破山海明禅师得法弟子的丈雪通醉禅师，从江浙回到蜀地，以礼祭祀圆悟禅师墓。他见到昔日宗风远播、佛法无限的昭觉寺陷于一片瓦砾废墟中，便发愿重修昭觉寺。于是，他披荆斩棘，早出晚归，努力经营着祖庭。在修葺祖庭期间，禅师不断得到他人的帮助和扶持，比如吴三桂、按察使李翀霄等，在他们的大力支持下，祖庭基本恢复了昔日的面貌。到乾隆时，昭觉寺已有佛殿、禅堂、僧房、客舍等千余间，辉煌雄伟，称首于当地各丛林。于是，丈雪通醉禅师被尊为中兴昭觉寺的第一代祖师。

丈雪通醉禅师不仅中兴了昭觉寺，其留存后世的还有很多佛学著作，如《语录》《锦江传灯录》等。康熙帝曾题诗昭觉寺云：

入门不见寺，十里听松风。
香气飘金界，清阴带碧空。
霜皮僧腊老，天籁梵声通。
咫尺蓬莱树，春光共郁葱。

从中我们不难看出，在丈雪通醉禅师的住持下，昭觉寺宗名之远播、宗风之远扬、佛光之广布，是当时当地其他丛林无法比拟的。

清定法师

走到现代，昭觉寺已经成为西南地区的重要寺院，如今更成为全国重点文物保护单位。在昭觉寺现代的兴盛发展壮大中，清定法师是一位少不了且了不得的高僧，正是他使得昭觉寺在前人的基础上更上一层楼。

清定法师，俗名郑全山，又名郑有藏，于清光绪二十九年（1903年）12月16日出生在浙江省三门县高枧乡，其家为乡里名门望族，家境殷实。父亲是清末秀才，世代信佛。因此，清定法师少时便受影响，7岁就开始念诵佛经，先入私塾学习，后又进入县立高等小学、县立中学读书，对四书五经及诸子百家等著述了解颇深，并从其父那里初步接受了佛教教义，这为其后来步入禅院，成为高僧大德打下了基础。法师一生性格平和，善根夙具，以善为基，倡导祥和，以此成就佛之

昭觉寺大雄宝殿

昭觉寺大雄宝殿是清定法师住持重建的，殿宇恢弘，气势宏伟，是昭觉寺之中心大业。

法师所处的时代，中国正在发生着翻天覆地的变化，延续两千多年的封建帝制被推翻，孙中山建立的民国政府已成为中国的主宰。法师在未入禅院前，爱国热情高涨，加之孙中山先生的“三民主义”深得他心，于是，他决心跟随孙中山干革命，并就读于其创办的陆军军官学校（即黄埔军校）第五期步兵科，仿效班昭投笔从戎。此后，他步步高升，政坛如意，官至国民党少校。民国 28 年（1939 年），他奉调重庆，期间，他深深感到这个世界太黑暗，争夺杀戮太频繁，认为只有借助无边的佛法，才能普度众生，净化浊世。于是在此之后，他在闲暇之时，常去附近的慈云寺聆听澄一法师讲经说法，并成为了澄一法师的弟子。

因六根未净，法师被劝解到昭觉寺学佛，在此期间，他渐得佛法心要，又遇能海法师第二次西行入藏求法归来，于是便拜能海法师为师，潜心苦学，修习藏传密乘大法，成为能海法师的嫡传弟子；并一直遵师嘱，在东南沿海一带传法。

后法师因肃反运动受到牵连，被逮捕入狱达 22 年之久，平反后，法师应众僧之邀，成为昭觉寺方丈。不过十年浩劫中昭觉寺遭到严重破坏，满目疮痍，主要建筑被严重肢解和拆除，所有佛像被摧毁，丰富的珍贵文物、法器荡然无存。清定法师任重道远，他在来到昭觉寺后，以“提振道风，培植僧才，重辉祖庭”为己任，率领全寺僧众，自筹资金，重燃法炬，用10年的时间重建了雄伟辉煌的大雄宝殿、圆通宝殿、钟楼、鼓楼、客堂、圆悟克勤（即圆悟禅师）墓园、照壁等。他还住持重修了说法堂、山门殿、虔心亭、地藏殿、藏经楼、弥勒殿、观音院、先觉堂、五观堂、大师殿（御书楼）、石佛殿、普同塔院等建筑，恢复了昭觉寺佛学院，使得昭觉寺这个千年古刹面貌一新，昔日风采重现，昭觉寺也因此获得了“川西第一禅林”的雅称。

可以说，没有清定法师的努力，就没有今日的昭觉寺。其在近代昭觉寺的发展历史上有别人无法超越的重大贡献。现在的大雄宝殿前，立有一块石碑，上面刻有清定法师题写的“地狱不空，誓不成佛”八个字。这也是后人对已故清定法师的缅怀与纪念的一种方式。

2. 大山深处禅宫出

今日昭觉寺之建筑格局与昔日相比，既继承了往日的雄伟，也增添了现代的元素，整个禅宫富丽堂皇，梵音悠远，檀香缭绕，是游人、香客静心礼拜的好去处。

昭觉寺现在的主要建筑有：天王殿、地藏殿、大雄宝殿、达摩殿、大师殿、圆通宝殿及藏经楼、禅堂、五观堂、先觉堂、普同堂、虔心亭、八角亭等。而最能让香客、游人心醉的则是大雄宝殿、圆通宝殿以及达摩殿。

入山门，即见宏伟的大雄宝殿。该殿是清定法师住持重建的，殿宇恢弘，气势宏伟，是昭觉寺的中心。进殿前，在殿门外就可见一棵冠盖如屋的古榕树，此树如卫士一样护卫着大雄宝殿，它的清灵之气笼罩着整个大殿，更烘托出宝殿的肃穆与清远的氛围。殿内供有 3 尊 8 米高的汉白玉佛像，灵气逼人。中间是法身像，名毗卢遮那佛，表示绝对真理就是佛身。左边一尊是报身佛，名卢舍那佛，表示光明遍照，证得绝对真理而自受法乐的智慧是佛身。右边一尊是应身佛，名释迦牟尼佛，表示能仁寂然，随缘教化各种不同众生的佛身。三身佛两旁侍立着高达 3 米的阿难、迦叶立像。大殿两侧则是神态各异的十八罗汉像。此外因清定法师在昭觉寺的重建史上有重要地位，所以，殿内还供有他的塑像，由此可看出后人对清定法师的尊重。

圆通宝殿，也是清定法师住持重建的，为昭觉寺重要建筑之一。其建筑面积有 3030 平方米，殿楼飞檐七级，高 24.2 米，重檐 72 翼角，造型独特。该殿采用佛教建筑史上不常见的殿塔结合以及外方内圆的形式修建而成，四面歇山重檐，中心八角攒尖，整个大殿壮丽雄伟，建筑精美别致。整座殿堂坐北向南，四门对称相通，中间大殿供有千手千眼、救苦救难的观世音菩萨的坐像。其面有四，每面 8 首，共 32 首，1088 只手眼，高 12.2 米，巍然端坐于金刚莲台之上，祥瑞端顶，清静明目，庄严肃穆，如不轨者见之，无不惧其对自己的惩罚而献上自己的悔改心。大殿之内四周上下供有泰国信众捐献的大小铜佛一万尊，其数目之多令人目不暇接。不仅如此，连殿顶也有奇特之处，圆顶篆书“法轮常转”及梵文“六字大明咒”，四周绘有 42 幅观音手印和 8 名飞天献供仙女，美轮美奂。殿内两壁各有壁画一幅，南壁是观音菩萨显圣乘龙真影，北壁为南海普陀山胜境，南北互相呼应。此外，值得一提的是，南门殿外影壁两侧还嵌有双龙戏珠琉璃浮雕，一边一幅，栩栩如生，香客若见到如此鬼斧神工的技艺，恐怕不得不感叹雕刻者精湛的技术，也不得不感叹中国建筑艺术的精美。

此外，来昭觉寺，若不去达摩殿会是香客、游者的一大遗憾。今天的达摩殿亦是与清定法师有着紧密联系的重要建筑，位于大雄宝殿左后侧。达摩殿殿门正中匾额书“西来意”三个大字，两旁二匾分书“祖道流芳”和“拈花微笑”，苍劲有力，笔锋显意。殿内供有禅宗东土第一代祖师达摩塑像，见者可从中了解中国禅宗的渊源。正是因为他，

昭觉寺圆通宝殿

昭觉寺的圆通宝殿采用佛教建筑史上不常见的殿塔结合以及外方内圆的形式修建而成，四面歇山重檐，中心八角攒尖，整个大殿壮丽雄伟，建筑精美别致

中国禅宗才能发展兴盛。

此外，昭觉寺典藏众多，众多历史人物在此的画迹、各时期的雕刻等都是人们争相观赏的珍贵文物。其中，最吸人眼球的是残存在寺内的国师碑、破山禅师诗碑以及圆悟禅师墓。国师碑立于雍正十二年（1734 年），是用来纪念圆悟禅师的碑刻，此碑于“文革”时被拖走用以搭桥，后被寺中僧人发现，拉回寺中保存至今。圆悟禅师之墓已重新修葺，保存完好，是昭觉寺最重要的文物，位于今成都动物园（与昭觉寺毗邻）所属地域内。这些文物历史悠久，价值连城，具有极高的史学研究价值。

三 成都文殊院

——天府名刹

位于四川省成都市城西北的文殊院，因其历史悠久和寺内珍藏之物而闻名遐迩。1983年被国务院定为汉族地区的重点寺院。

1．木石结构四合院

文殊院是成都市内保存最为完整的佛教寺院之一。目前是四川省佛教协会的所在地，占地 1.16 万平方米，共有房屋 200 余间，建筑面积较大。寺庙建筑布局采用的是中轴配两庑，前后相接，成为封闭式的四合院，且均为木石结构。

文殊院坐北朝南，环境优美。走近寺前，可见古刹四周皆是古香古色的围墙，抬头仰望，“文殊院”三个苍劲有力的大字镶嵌在正门之上，与围墙上的“南无阿弥陀佛”“庄严国土、利乐有情”“世界和平、人类幸福”等互相呼应，使得文殊院愈发显得庄重肃穆。

进入寺内，因寺庙是闭锁式的四合院结构，故可清晰地看见寺庙的格局，中轴线上依次分布着天王殿、观音殿、大雄宝殿、说法堂、藏经楼等五重大殿，两庑配之有钟鼓楼、禅堂、观堂、客堂、斋堂、戒堂、念佛堂及各职事寮房。放眼望去，各大建筑尽收眼底：只见五重大殿连同前后照壁，在长 200 米的中轴线上，依次分布，各殿堂楼阁古朴宽敞，飞檐翘角，行家一见即可知其为典型的清代建筑；各殿堂主次分明，错落有致，有疏有密，大小相同，寺中有园，园中有院，

成都文殊院

诵完经书的僧侣走出大殿

院中有景，景中有佛。在这里，信众既可享受清新优美的环境，又可聆听高深玄妙的佛法，因此是信众流连忘返的所在。

天王殿正面便是“大肚能容容天下难容之事，开口常笑笑天下可笑之人”的弥勒佛，他笑态可掬，和蔼可亲。两侧各供奉有三尊神。山门中有四位神像威风凛凛，横眉怒目，正是四大金刚，还有两位则是哼哈二将。

后殿所供奉的神就是人们口中常颂的阿弥陀佛，他双脚并立于莲花台上，双手做接引状。他是接引佛，也就是在人死后负责接引魂灵去西方极乐世界的。而在现实生活中，人们对死是很忌讳的，故而认为他不吉利，因此也就很少有人去拜他。

接着便是文殊院中的观音殿，该殿实际上叫作“三大士殿”。在佛教中，被人们熟知的菩萨有四位，但因文殊院是文殊菩萨的道场，所以观音殿只供奉了三位菩萨，即观世音菩萨、普贤菩萨和地藏王菩萨。文殊菩萨另设殿堂供奉。

后殿供奉的是韦驮像，在寺庙中常见。他有一个叫作金刚降魔杵的法器。据说法器执法不同代表了不同的含义，文殊院的韦驮菩萨双手向下执降魔杵杵在地上，整个人呈放松休息状态，面部温和，代表了文殊院会给游方的僧众提供食宿。大殿两侧分别供奉的是武圣关羽和文昌君。

三大士殿过后便是大雄宝殿，殿堂中央供奉的是如来佛祖。殿堂内禅雾缭绕，佛祖庄严肃穆地静坐在大堂之上，关注着凡世间的芸芸众生。

2. 信相兵毁，文殊殊存

文殊院因其历史而闻世。相传隋朝时，隋文帝之子蜀王杨秀的宠妃，为了当时的“圣尼”信相而建该寺，故称信相寺。五代时，该寺曾被改名为妙圆塔院。宋代，复旧名，仍称信相寺。然而，因朝代更迭，兵火战乱，信相寺曾毁于兵家之手。据《成都县志》记载，明朝末年，信相寺毁于兵火。建筑俱毁，唯有 10 尊铁铸的护戒师像和两株千年古杉，尚存于世。

至清开国时，信相寺仍旧未得到修复。康熙二十年（1681 年）时，慈笃禅师来到了荒芜的信相寺。古寺虽破败，禅师却在两棵古杉之间结茅为庵，苦行修持。此后，禅师数年之间行著四方，因佛法高深而声名远播。在广布佛法之后，禅师仍旧回到古寺，直至终老。传说慈笃禅师在信相寺圆寂火化时，红色火光在空中凝结成文殊菩萨像，久久不散。因此，人民群众便认为慈笃禅师是文殊菩萨的化身，以之改信相寺为文殊院。

康熙三十六年至四十五年（1697 ～ 1706 年），应信众要求，官绅军民捐资重修文殊院，使得文殊院初具规模。嘉庆、道光年间，文

文殊院内的建筑

文殊院是成都市内保存最为完整的佛教寺院之一，建筑规制如四合院

殊院方丈本圆法师在原来的基础上又采办了82根石柱，改建、扩建了主要的殿堂，形成了人们今天看到的寺院规模。这82根石柱今天成为院中的一景。

近代时，文殊院因历史源远流长和佛法高深而受到人们的关注，一时闻名遐迩。因而，这一时期信众广聚，香火兴盛，可谓香客云集，门庭若市。

抗战期间，虽处乱世，但文殊院佛名广盛，且仍有不少高僧大德在寺院里开坛传戒、讲经说法、培养僧人，例如佛源老和尚、太虚大师、能海上师等。

中华人民共和国成立后，政府多次拨款修缮寺庙，使得文殊院旧貌新存，成为成都市内保存最为完整的佛教寺庙之一。

3 . 文殊院典藏

文殊院既因藏物而闻名，可知其典藏珍贵丰富。

佛像

佛教寺庙最不缺的是佛像，但是具有历史价值意义的佛像却不多，而在这不多的佛像中最能吸引人的要数文殊院里的佛像了。

文殊院供奉的佛像不仅有木雕的、石雕的，还有泥塑的、铜铸的、铁铸的和脱沙漆塑的，形式十分多样。从数量上来说，有大小 300 余尊佛像。从年代来说，有的存在于梁代时期（比如石刻），有的是唐宋年间铸造（比如铁铸戒神），还有的佛像居然是清代用青铜制造的，这些佛像个个造型精美无比。此外，还有缅甸玉佛。这些佛像不论从哪个角度讲，都具有较高的研究价值、欣赏价值及艺术价值。

单就护法韦驮像而言，这座佛像是在 1829 年由本圆法师主持塑造的。整个佛像是以青铜翻砂而成。韦驮威严站立，相貌端庄严肃，民众见之无不肃然起敬。其雕刻工艺，大到头盔、铠甲，小到杵上的链锁等器件均精雕细琢。因此，这尊佛像从艺术上讲，是一座难得的艺术珍品，值得广大信众细细欣赏。

还有一尊观音大士像，也是以青铜铸造，和韦驮像同一年铸成。观音大士慈祥地骑坐在水兽之上，法相庄严，让人无法不对其叩首。雕像缨络衣纹细致流畅且清晰可见，而她所骑水兽，似狮非狮，似犬非犬，造型独特精美。

另外，不得不提缅甸玉佛，它是文殊院性鳞和尚 1922 年一路化缘步行到缅甸请回的，途中历经艰辛，十分珍贵。而且，其雕刻艺术精美绝伦，是佛家的精品。

成都文殊院内的古塔

成都文殊院内的古塔也是供奉高僧法师骨灰之地，同时也是后人瞻仰高僧法师之地

书画珍品

除了精美珍贵的佛像外，文殊院值得一提的还有书画珍品。尤其是康熙皇帝于 1702 年御赐文殊院的“空林”墨迹，以及康熙临宋代书法家米芾的《海月》条幅，文中写道：“人皆趋世，出世者谁。人皆遗世，世谁为之。爰有大士，处此两间。非浊非清非律非禅。惟是海月都师之式庶，复见之众缚自脱。我梦西湖天宫化城，见两天竺，宛如生平，云披月满。遗像在此，谁其赞之，惟东坡子。”

文殊院中珍贵的条幅不仅有皇帝的，也有亲王的，果亲王在清雍正年间也写有一条幅赠给文殊院，曰:“日面月面，胡来汉现。有时放行，有时把断。世法佛法，打成一片。苦作一片会，遇贵即贱。不作一片，麦里有面。”

文殊院也有近代手迹。现寺庙仍存有于佑任所书的“岳满法界月，清凉功德池”对联。

此外，文殊院还有其他珍贵文物。比如印度贝叶经，这是1887年明宽法师从印度请回的一部佛经，非常珍贵，经文全写在金叶之上；千佛袈裟的历史更加悠久，为明代崇祯皇帝的妃子所绣，绣工精美，至今已有300多年历史，藏在文殊院；发绣观音，是清嘉庆、道光年间，陕甘总督杨遇春之女用自己的头发绣成的一幅水月观音像，纹饰全以经文组成，非常人能成，因此，是一件十分珍贵的艺术品；挑纱文殊，是清代信徒吴贞女用挑纱的方法制成，似画非画，十分精美。还有明代的《南藏》、清代的《北藏》、金刚经宝塔（清光绪八年，杨光拆用蝇头小楷抄写的《金刚经》，全部经文组成一座宝塔，远看是图，近观则是经）、舌血含宝（清朝时三位和尚用舌血书写的《华严经》《楞严经》和《法华经》三部经书）以及一代名师玄奘法师的头顶骨等也都是非常珍贵的寺庙文物。

小知识◎乐山凌云寺

乐山凌云寺原名报恩寺，又名大佛寺，位于四川省乐山市东的凌云山上。1982年，被国务院确定为全国重点文物保护单位。

乐山凌云寺始建于唐武德年间（618～626年）。宋朝末年毁于兵火。元朝至正年间（1341～1367年），高僧千峰来到这里，复建庙宇。明洪武、成化年间得到扩建，然而，明末又为战火所毁。直至清康熙六年（1667年），凌云寺得到恢复，后几经维修，成为今日之名寺。

凌云寺现存建筑主要有天王殿、大雄宝殿和藏经楼。当然还有僧堂和禅堂等建筑。然而，最能吸引人的还是凌云大佛。

凌云大佛又称乐山大佛或嘉州大佛，位于凌云山的临江石壁上。这是一尊巨大的弥勒佛石雕像：总高71米；头宽10米，高14.7米；耳长7米，眼长3.3米，鼻长5.6米，嘴长3.3米；颈高3米；肩宽24米；手的中指长8.3米；脚背长11米，宽8.5米；头上发髻1021个。从这些数据可以知道，建造这尊大佛是一项伟大而艰辛的工程。由此，我们不得不为古人精湛的技艺折服。此外，这尊大佛造型精美细致，端庄威严，是石雕精品中的精品。

目前，凌云寺已开辟成“乐山大佛陈列馆”，馆内陈列有大量实物、文献、图片和模型，展示了乐山大佛90年（713～803年）的建造过程和历代保护维修史。

四 峨眉山报国寺

——入山第一寺

峨眉山是我国佛教的四大名山之一，自东晋年间峨眉山建立第一座佛教寺庙普贤寺（今万年寺）以来，就一直是佛教圣地。后来还成为普贤菩萨道场。因其自然景观雄伟险峻、秀丽幽静而著称于世。

1. 报国寺地理位置与历史

报国寺是山中第一大寺，也是进入峨眉山的第一寺，在峨眉山山脚下，可谓峨眉山的门户。现如今已经成为峨眉山佛教协会所在地，峨眉山佛教活动中心。

峨眉山位于峨眉山市境内，属邛崃山的余脉。大额山、小额山两两相对，遥望如女之蛾眉。北魏郦道元《水经注》曰："去成都千里，然秋日澄清，望见两山相对如峨眉，故称峨眉焉。"这是最早见诸文献的一种说法，言传至今，峨眉仍旧。

峨眉山与山西五台山、浙江普陀山、安徽九华山并称为中国佛教四大名山，地势陡峭，风景秀丽，有"秀甲天下"之美誉。

作为佛教圣地，峨眉山自东晋始就负有盛名，皆因当时的高僧慧持在此地辟地建寺，供奉普贤菩萨，取名普贤寺（今万年寺）。由此，峨眉山变成了普贤菩萨的道场，迎来了禅宗的兴盛。

同时，作为佛教名山，峨眉山上的佛教寺庙肯定不少，据统计，峨眉山上约有 26 座佛教寺庙，其中重要的有 8 大寺庙，这些寺庙常年礼佛，佛事频繁。1996 年 12 月 6 日，峨眉山乐山大佛作为文化与自

报国寺铜狮

然双重遗产被联合国教科文组织列入世界遗产名录。

在一个风景如此秀丽、佛教文化如此浓厚的地区，报国寺作为禅宗的继承发扬者，建在这里，具有历史和现实的延续性。同时也正应了名山藏古刹之说，至今报国寺香火仍旧兴盛。

报国寺建于明万历年间，原名会宗堂，为明光道人主建，原址与伏虎寺隔溪相对。因庙中祀奉普贤、广成和楚狂，取三教会宗之义，故名会宗堂。明代徐良彦《创造会宗堂记》录其事："万历四十二年甲寅岁……意今三教鼎足其间，亦以广佛五门四道……有风道士立于道旁……曰：三教一宗俗儒苦于割裂，要令遥源浚波，同归大海……屋三楹，为门，为堂，前后为楼，左右为廊，礼普贤、广成、楚狂其中，立木主不以塑像，道士之意也。亦深合乎道，遂命为会宗堂。”这恰恰反映了其文化底蕴。

清顺治年间，闻达和尚重建报国寺，迁至大光明山麓，即为今址。康熙四十二年（1703 年），玄烨以《释氏要览》“四恩四报”中的“报国主恩”为意，赠“报国寺”改会宗堂之名。至今，寺门匾额“报国寺”三字，就是康熙皇帝御题，大臣王藩所手写的。

同治五年（1866 年）的暮春时节，广惠僧人在报国寺原有的基础上进行了扩建。使得报国寺的整体格局更加合理，同时，也更有利于报国寺的僧众潜心礼佛。

中华人民共和国成立后，人民政府拨款对年久失修的寺庙进行了全面维修，在 1983 年，报国寺被国务院确定为汉族地区佛教全国重点寺院。

2. 报国寺建筑布局

报国寺占地面积 60 余亩，建筑面积达 5600 多平方米。殿宇结构巍峨雄浑，高大壮观。其主要建筑有弥勒殿、大雄宝殿、七佛殿、普贤殿和藏经楼，它们依次分布，依山而建，一殿高过一殿，鳞次栉比，掩映在绿树翠竹丛中。分布在殿堂两侧的则是僧寮客房，周围环绕有待月山房等园林式建筑，这些建筑主要是框架式结构，庭院式布局。在彼此的相互映照下，整个寺院布局严谨，结构一目了然。

报国寺的山门是 1986 年依原貌而建。山门六柱五列二进，飞檐翘角，壮观之极。游人入山门，即可见“报国寺”3 个苍劲有力的大字镶嵌在山门之上。进入山门之内，游人可见寺内殿宇重叠，雕梁画栋，建筑精美，此外，还有禅音萦绕。因此，游者在这幽静而肃穆的寺院内很容易产生身在梵天的感觉。

寺内第一殿为弥勒殿，殿内供奉有一尊 2 米高的弥勒像，门上有联云：“看他皤腹欢颜却原是菩萨化相；愿尔清心滤尘好去睹金顶祥光。”殿后，立有彩绘泥塑的韦驮站像，高 2.5 米，金甲金冠，庄严肃穆，不怒而威。从其雕塑颜色可看出，这两尊塑像都是近年新塑的。

报国寺山门石狮

步出弥勒殿前，左有 1993 年新建的钟楼、法物流通处，右有鼓楼和茶园。佛教协会的许多大型法会都在这里举行。

过弥勒殿便是第二大殿大雄宝殿。殿中供奉着释迦牟尼佛，他金身庄严，近旁站立着十八罗汉，均高 1.5 米，为彩绘金身泥塑像。这些佛像都是历史文物，有着唐宋造像的遗风。大雄宝殿左侧设的是文物陈列室，陈列着历代名书画，包括赵孟頫的条幅、徐悲鸿的花鸟、齐白石的芋头、张大千的墨荷、日本人松涛的山水，都独具风格。此外，右侧的陈列室还陈列着在峨眉山附近出土的春秋战国时期的铜器等文物。过大雄宝殿，进入后面的天井，便可见一座紫铜华严塔，为明代所铸造。据闻这是四川省现存的最大铜塔。1956 年，被列为四川省重点文物保护单位。

此后进入的就是第三大殿七佛殿。此殿中并坐着七位佛，全身高丈六，中间是释迦牟尼佛，其余六尊从左到右依次是毗婆尸佛、尸弃佛、

大雄宝殿

毗舍婆佛、迦叶佛、拘那含牟尼佛和拘留孙佛。这七位佛是清朝光绪年间隆德法师所雕塑，均盘腿坐在莲花上，庄严肃穆。七位佛背面还有一组新塑的泥塑造像，整个塑像高 4 米，宽 5.5 米，塑像神态各异，生动自然。在七佛殿后，还有一尊高达 2.47 米的大瓷佛像，这尊佛像是明永乐年间江西景德镇所烧制。同七佛一样，也是一尊珍贵的艺术品。

最后一殿为普贤殿，供奉普贤菩萨。普贤菩萨梵语为“三曼多跋陀罗”，即普遍贤善的意思。普贤因广修“十大行愿”，又称“大行愿王”。峨眉山是普贤菩萨道场，所以将他供于最后一殿。殿门上有一联，上书“金粟庄严便是菩萨住处；昙花灿烂照彻纳子爱心”。还有一副联语：“普济有情，愿王垂慈，宛向峨眉寻妙谛；贤德无量，众生瞻仰，灵冥空寂悟禅心”，亦即说普贤菩萨在峨眉山帮助众生求得解脱而受到后人敬仰的意思。普贤殿楼上为“藏经楼”，是保存经卷的地方，同时亦藏有许多珍贵文物，比如元著名山水画家赵孟頫写的《王右军兰亭序》大条幅、郑板桥的山水画、徐悲鸿的《达摩祖师》和康有为的《赠龙华寺上人诗》书法作品等。

沿普贤殿石阶而下，至七佛殿右侧，是峨眉山佛教协会；再下至大雄殿右侧，为新建的“祇园”，是接待国内外佛教团体和讲经的地方。通过隔墙圆门，便是“花影亭”，里面有池有亭，有珍贵的花木。

3. 报国寺珍物

报国寺所藏甚丰，不仅包括历代所藏人文珍品，也包括了报国寺内的珍稀植物。在报国寺，人们随处可以看到人与自然友好相处的情形，可以感受人类技艺的精巧以及自然历史的悠久。

峨眉山报国寺中最珍贵的文物，当数明代大瓷佛、华严铜塔和大钟。

大瓷佛像在七佛殿后，高 2.4 米。佛像的底座上，有千叶莲花图案，佛身上则披有千佛袈裟，暗含“一花一世界，千叶千如来”的佛教经义。这尊瓷佛体量高大、比例匀称、线条优美，是一尊难得的艺术精品。据闻，该佛像于明代永乐十三年（1415 年）在江西景德镇烧制而成。

明代铸造的华严铜塔又叫“紫铜华严塔”，坐落在大雄宝殿后的平台上，是我国现存的铜塔珍品。塔身高 6 米，分上、下两部，每部各铸 7 层楼阁，共有 14 级。塔身上铸有 4762 尊佛像和《华严经》全部经文。佛像、经文全部清晰可见。这是四川省现存的最大铜塔，1956 年被列为四川省重点文物保护单位。

大钟则是悬挂在报国寺对面小山上的圣积晚钟亭内，名叫“莲花铜钟”，铸于明代嘉靖四十三年（1564年）。钟高2.8米，重12500公斤，称为“天府钟王”。钟体铸上了晋、唐以后历代帝王和佛教高僧的名讳，还铸有《阿含经》经文。

报国寺还有两棵国家一级保护植物“桫椤”。这种植物是峨眉山最古老的蕨类植物，是唯一幸存的约1.8亿多年前中生代侏罗纪时代木本蕨类植物，与恐龙同时代，堪称为研究中生代侏罗纪时期的“活化石”，是不可多得的古代生物。

小知识◎洪椿坪

“洪椿坪头晓雨浓”，洪椿坪坐落在天池峰下的小坪坝上，寺前有棵孑遗古树洪椿。古树原有3棵，清朝康熙年间，遇到火灾，现在仅存1棵。

这棵洪椿经过考证，实际栽于距今约1300余年的唐贞观年间。

该寺为明朝楚山性一禅师所建，初名千佛禅院。清乾隆五十五年（1790年），峨云和尚加以重修，改名洪椿坪。现存三殿，宏伟壮观，幽静清美。四周山峰环绕，树木郁郁葱葱，极尽清幽静雅。

洪椿坪坐西南向东北，木制结构，殿宇三重，复四合院组合，按山门、天王殿、大雄宝殿、后殿序列依次而建。中殿大雄宝殿内有明代嘉靖铜钟一口，钟声悠远。观音殿内有蟠龙楹联一副，系乾隆赠予千佛禅院的。观音殿上层为千佛楼，因内藏千佛像而得名。楼中有千佛灯。

洪椿坪楹联众多，且品位较高。如“一粒米中藏世界，半边锅内煮乾坤”，“处己何妨真面目，待人总要大肚皮”等。再有清朝乾隆年间的木质“正明司碑”，以汉藏两种文字书就，记载有藏传佛教徒朝拜峨眉山始略。此碑是四川唯一的木质藏汉文碑，有着很高的史料价值。

另一秀丽的自然景观就是“洪椿晓雨”。坐落于众山群峰环抱之中的洪椿坪，在凉爽的坪坝上，清晨落起霏霏“晓雨”。这雨，似雨非雨，如雾非雾。只见楼阁、殿宇、花石、草木、游人以及庭院右侧的林森小院等，一切都似乎飘忽在迷茫的境界中，呈现给世人一种虚无缥缈的朦胧美。

五 平武报恩寺

——川东名刹

平武报恩寺，位于历史文化名城绵阳市北部，不仅因其历史悠久，亦因其佛法广布而广为人们所知。

报恩寺布局严谨，雄伟壮观，融建筑雕刻、绘画于一体，1956 年被列为四川省重点文物保护单位，1996 年被列为全国重点文物保护单位。现今，香火兴盛，香客如流。

1. 报恩寺由来

绵阳，古名“涪城”“绵州”。民国 2 年（1913 年）因城市地处绵山之南，按“山南水北”为“阳”的古义，故改绵州为绵阳，沿用至今。自汉高祖六年（前 201 年）设置涪县以来，已有 2000 多年历史，历史文化底蕴深厚。

而平武报恩寺就建在文化底蕴深厚且立于青山绿水之中的绵阳。报恩寺距绵阳市区仅 184 公里，坐落在县城东北角，占地 27800 多平方米，建筑面积 3500 多平方米。

报恩寺，顾名思义，即为报答他人恩情而专门为其修建的寺庙，使后人永不忘记，铭记在心，流芳百世。相传其始建于明朝末年或清朝初年，距今 300 多年。不过对于其来源，却是众说不一，如易姓武将报恩说、肃王族亲报恩说等，但其中影响最大的则是王玺蒙冤说。传说那原是土官王玺给自己建造的王宫，只因被人告发，朝廷派钦差大臣下来查办，王玺才慌忙将其改造成寺庙。王玺本人也因此由反叛皇帝的罪人变成效忠皇帝的忠臣。

按这种说法，报恩寺似乎成了 500 多年前的一处违法建筑。今天

报恩寺大门前的石阶和图腾

平武报恩寺大门前的石阶和图腾历史悠久，而雕刻艺术精美依旧，不难看出当时的艺师技艺之高超

的报恩寺又被人们誉为“深山王宫”，这就进一步印证了这种误传。不过，在中国封建王朝，宫殿的建筑规格要求极为严格，必须坐北向南，一律使用黄色，还要符合九、五这些皇帝专用的数字。而报恩寺是坐西向东，外用红、绿两色，庭柱、门坊、台阶以及门面设置，都很小心地避开了这些犯禁的数字。天王殿前的三道所谓“金水桥”，是建在一个消防用的蓄水池上，那里并无护城河。而且倡修报恩寺的王玺其人，也并不是那种野心勃勃的“土皇帝”。可见这只是一种误传。

王玺字廷璋，祖籍扬州兴化县，为宋代龙州判官、赐进士出身的王行俭的第八代子孙，世代诗礼传家，本人“其信尚佛”。王玺于明宣德三年袭职龙州判官，宣德九年改龙州为龙州宣抚司时，其实职是宣抚司佥事，挂“昭信校尉”的虚衔，届正七品的文职土官。在他上头，还有正五品的宣抚使薛忠义、从五品的副使李爵，均是武职土官。相比之下，王玺官卑职小，也许正因为如此，他才会萌发修建报恩寺的打算。堂而皇之的理由是为了“辅行王化”“祝延万寿”，实则不过是在当地收揽人心，捞取政治资本。他把自家的园地献出来作为地基，和天宁寺的正智和尚一道联名上表朝廷，得到明英宗朱祁镇的准许。花了整整 7 年时间，到正统十一年（1446 年）才把主体建筑修好，不过里面却是空荡荡的。此时的王玺已是心力交瘁，资产耗尽，无力再继续。6 年后的 1452 年，王玺病死，他的儿子王鉴袭职。儿子不愿意看到父亲的事业有始无终，他就与前宣抚使薛忠义，时任宣抚使薛公

平武报恩寺“当今皇帝万万岁”的九龙牌位
平武报恩寺立有“当今皇帝万万岁”的九龙牌位，这在佛寺的发展史上是绝无仅有的

辅、副使李爵商议，决定先把大雄宝殿的三尊大佛塑造起来。到天顺四年（1460年），整个报恩寺的装饰才算完成。

据《明史・四川土司》记载，薛姓土司第63代孙薛兆乾（薛忠义第七代孙）袭任龙州宣抚使后，因与副使李蕃（李爵第四代孙）家结下冤仇，遂于明嘉靖四十四年（1565年）对李家下毒手。薛兆乾亲自带领一伙打手去把李家围住，抓住李蕃和他的儿子，一阵乱棒当场将其打死。事情报到省里，省里当即指派兵备佥事赵教前往查究。薛兆乾自知罪不容诛，但他要反抗。于是他和他的母亲陈氏一起，把北川县境内的几千少数民族串联起来，据守各地关隘，又把成都至松潘驻军的粮道切断。为了壮大声势，薛兆乾胁迫王玺的第八代孙子、土官佥事王华与他一道叛乱，被后者拒绝，薛兆乾便残杀了王华全家。由于薛兆乾的倒行逆施，不得人心，后很快被镇压。

明王朝便抓住这件事，乘机在平武、北川地区推行改土归流，把几家土司的辖区压缩到边远的深山老林中去。王姓土司的衙门从此迁入火溪沟和黄羊关。他们虽然遭受池鱼之殃，但这却是明王朝加强控制川北少数民族的必然结果。王姓土司在平武县共传6朝32代，历时730年，于1956年民主改革时被彻底废除。“铁打的纱帽”“铁打的衙门”成为了过去。而留给后世的，唯有一座报恩寺，现在已成为国家级的重点文物保护单位。

虽然这种说法影响较大，但到目前为止，对于报恩寺的由来，仍旧没有一个定说，到底孰是孰非，有待后来者的考证。

2. 深山王宫

报恩寺始建于明正统五年（1440年），完工于天顺四年（1460年）。因其布局结构酷似北京紫禁城，所以又称“深山王宫”。

报恩寺东西长278米，南北宽100米，占地27800多平方米；建筑面积3518平方米，坐西向东，平面布局由东而西次递升高，主体建筑布置在一条中轴线上，附属建筑左右对称配列。分前中后三进院落，第一院落起于山门，止于天王殿，中有三桥相连，北侧置钟楼一座，门前有八字琉璃墙、台阶、狻猊、经幢、广场。天王殿以后为第二进院落，由正殿大雄宝殿和配殿华严殿、大悲殿、天王殿四座建筑组成。大雄宝殿以后为第三进院落，由万佛阁、南北碑亭、34间廊庑组成。万佛阁后侧有斋房、库舍、龙神祖师之堂等建筑围绕。整个建筑群为清一色楠木结构宫殿式建筑，左右对称，浑然一体，构成了一座布局严谨、装饰华丽、宫殿与寺庙特征兼备的古建筑群。

山门坐西向东，行至山门，便可见到悬挂于寺门上端的“报恩寺”匾额。过之即是大佛殿，大佛殿是报恩寺的主要殿宇，该殿坐北向南，木质双层结构，高约10米，宽约2米。大佛殿琉璃瓦铺顶，起脊卧阁，

报恩寺墙壁上的绘塑

巍峨壮观。殿内顶柱粗 1.5 米，大殿深 8 米、宽 4 米、高 10 米。殿内中间便是一尊释迦牟尼坐在莲花台上的塑像，整个佛像高 3 米多，造型精美，庄严肃穆。坐像后悬挂着如来佛涅槃像。大殿的左边塑着弥勒佛和普贤菩萨像，右边则是观音菩萨和大势至菩萨巨幅画像，各占一间，画像高 2.5 米、宽 1.5 米。东、西两边墙上有莲花身班禅和九头护法像。大佛殿左前方有一个四角亭，悬挂铁钟一口，高 2.8 米，口径 1.7 米，吊状呈八角，口周 5.3 米，重约 3000 斤，造型别致，钟声洪亮，余音飘远。不过可惜的是此钟在 1958 年大炼钢铁时被毁。寺内藏有经书、史书、药典等。山门左侧有一座龙王庙，高约 7 米，庙内塑有一尊龙王站像，高约 3 米，整个造型精美，栩栩如生。

佛寺的寺沟内有密密麻麻的小岔道，这些小岔道上现在有很多座喇嘛坟，且均建有喇嘛教式塔。这些教式塔由塔座、塔身、塔刹组成，下筑石方基，上着圆青砖，雕刻精美，做工独特，庄严肃穆，层次分明，结构严谨。塔的高低，一般是根据喇嘛生前的功绩而定。虽有高有低，但这些塔的结构基本上都大同小异。

3. 报恩寺历代名僧

每个寺庙的发展都与高僧有着莫大的关联。名山名僧，正是因为有了高僧弘扬佛法的不懈努力，寺庙才能快速地发展。报恩寺亦是如此。

德辉法师　第一代住持，本邑人，自太成法师由镇江金山寺派来后，他接受住持职责；在太成法师接任后，德辉法师自己返回上兴埠寺庙中，安度余生。

太成法师　第二代住持，原籍江苏如皋。他是镇江金山寺住持太沧法师的胞弟，精于医术，能开处方、针灸等。他还研究过卦象，熟悉《易经》，能看地理风水。太成法师曾被无锡大资本家荣德生聘去占卜，被荣氏家族称为“活神仙”。自文质法师来寺后，太成法师便将住持之位交付于他，后被调往常州清凉寺任原职。

文质法师　第三代住持，本邑南渡人。法师为人忠厚老实，佛法深厚，在接受住持职责若干年后，便将住持之位传给实恒法师。文质法师离寺后，回到南渡的一个寺庙中，后来圆寂在那里。

实恒法师　第四代住持，原籍江苏如皋。因儿时体弱多病，父母将其送往佛寺为僧，以求免灾免难、多福多寿。法师原在句容隆昌寺出家，后被调来报恩寺接任住持。20 世纪 80 年代圆寂，享年 67 岁。

智清法师 第五代住持，原籍江苏东台，1923 年生。法师原是句容宝华山隆昌寺知客师。土地改革后，在当地随实恒法师养猪、种菜、种田，历经磨难。不过法师始终皈依佛祖，从未脱离佛门，参加农业劳动 40 多年。改革开放后，溧阳市人民政府落实宗教政策，因报恩寺前任住持实恒法师已圆寂，于是就由智清法师继任住持。智清法师于 2003 年 11 月圆寂。后由能仁法师接任住持之位。

4. 报恩寺珍贵典藏文物

报恩寺是一座精美绝伦的艺术宝库，它融建筑、雕塑、绘画等为一体，整体建筑及内外装饰为中国罕见。报恩寺内除有可以欣赏的佛像外，最为精彩动人的还有约300多平方米的精美壁画。画面上有身材高大、情态肃穆的帝王君主，有手捧贡品、端庄秀丽的天神玉女，有体形剽悍、面目狰狞的天王力士，还有两手合十、神情谦恭的寺庙僧侣。各种人物画像高达3米，高低错落，左右顾盼，周围衬以流云仙气，并与阁内供奉的金身佛像等相互呼应，整幅壁画有如众星拱月，动静相衬，生动地构成了一幅庄严的“护法图”。

除却巍峨的宫殿，精致的殿宇楼阁，报恩寺还有转轮藏、千手观音、楠木结构、斗拱和龙的世界。

转轮藏位于报恩寺华严殿内，建造于明正统十一年（1446年）。转轮藏又叫转轮经藏，是佛门法器，具有很强的宗教意义。转轮藏自地面起通高11米，直径7米，占地面积22.06平方米，系用楠木制作，横截面为八角形，外观八棱四层，实际上是7层，下大上小，形似七级佛塔。它主要由藏轴、藏针、梁枋框架、板壁和天宫楼阁构成。其

报恩寺金水桥及钟楼

报恩寺金水桥及钟楼的相互配合，构成了一个美丽的世界

建筑结构都是按照宋《营造法式》规定比例建造，但又结合了地方的特色，如转轮藏的下部须弥上均雕饰有 8 条游龙；每个屋檐下的斗拱形制和安置方法也稍有变化。此外，报恩寺转轮经藏的所有木构件全部都用沥金贴金，这是其他寺院的转轮藏所没有的。另外，报恩寺转轮经藏历史悠久，具有深厚的历史意义，它自明正统十一年（1446 年）建成到今天，经受住了历史上多次大地震的检验，即使是发生在 2008 年的汶川大地震对其也没有多大的影响，至今仍完整无损。目前报恩寺的转轮经藏是我国仅存几座木质转轮经藏中，保存最完好的一座，在建筑力学上有很高的研究价值。

千手观音像位于大悲殿内石质须弥座上，高约 9 米，全身贴金。

只见观音大士头戴宝冠，身披青纱，璎珞垂地，赤双足，立于仰覆莲花宝座上，体态柔媚，高大匀称，栩栩如生。大士一头四面，头顶重叠 3 个小头像，肩上的两只大手高举无量光佛。正身以一根巨大的楠木精雕而成。身后呈扇形密布 1004 只手，每只手心分别刻一圆睁的慧眼，且手上分别拿着日、月、净瓶、宝镜、宝印、数珠、莲花、金刚杵等佛门法器，以示解救一切苦难众生的威力。这些手前后参差，左右环绕，上下重叠，互不遮掩，悬空排成 15 层圆弧。游者抬头凝望，大士的这些手宛如一朵巨大而怒放的金菊，千姿百态，美丽壮观，游者无不拍手叫绝。在观音大士左右两侧的佛坛上，立有两尊高约 3 米

报恩寺内的千手观音像

四川平武县报恩寺内的千手观音像雕塑精美，整个神像栩栩如生

万佛阁檐角的装饰

的木雕像。左侧男像为观音之父，右侧女像是观音之母，他们身着官服，面容慈祥。另外，殿内还有4根立柱，这些立柱上，各悬塑一善财、龙女童子像，只见他们足踏祥云，面向观音，合掌微笑。

大殿内壁上，还有一组面积达90多平方米的壁塑，生动地记述了妙善公主出家为尼、火烧白雀寺、魂游地府、释迦点化、香山修行、施手眼救父、玉帝敕封千手观音的故事，这面壁塑富有浓郁的神话色彩和民族特色。

楠木构造在整个报恩寺建筑中有着重要地位。报恩寺建寺时，在选料上极为重视，寺内所有殿堂的柱、额、梁、枋、檩和斗拱、雀替、

报恩寺经幢

平武报恩寺经幢由幢顶、幢身和基座三部分组成，主体是幢身，刻有佛教密宗的咒文或经文、佛像等，呈六角形

门窗等木构件，以及巨大的木雕佛像等，均用优质而名贵的楠木建造。楠木质地坚固，芳香长溢，虫蚁不蛀，蛛网不结，此为全国独有。

斗拱，迄今已有3000多年的历史，它是我国古代大型木构建筑的重要组成部分，在结构上有着重要的作用。封建社会里，建筑规模有森严的等级制度，按规定，只有宫殿、有名望的寺庙及其他的高等建筑中才允许在柱头上和外檐的额枋上安装斗拱。报恩寺是一座较大型的宫殿式佛教木构古建筑，除山门外，其他各殿均大量施用了斗拱。这些斗拱数量之多，种类之繁，在全国都罕见。全寺施用在大小建筑上的斗拱多达2200余朵。同时这些斗拱的制作变化无穷，装饰各异，种类达48种之多，真可谓千姿百态，蔚为壮观。此外，报恩寺不仅在斗拱上制作精良，绘于斗拱上的彩画，也与众不同，它们历经500余年，仍色泽鲜艳，光彩夺目，是难得的艺术精品。

龙多是报恩寺的特点，报恩寺可谓是龙的世界，寺内所有的梁枋、天花藻井、瓦当滴水、脊饰吻兽、匾额香炉，以及碑首碑座、供桌上比比皆是，有蟠龙、苍龙、蛟龙、云龙、金龙、黄龙、白龙、飞龙、螭龙等。

小知识◎江油云岩寺

“樵夫与耕者，出入画屏中。”这句诗是众所周知的大诗人李白描写其家乡江油的。江油因窦圌山而闻名于世。窦圌山早在唐代以前就以清、奇、幽、秀闻名于天下，而江油云岩寺因在窦圌山而广为人知，真应了名山藏名寺之说。

云岩寺为全国重点文物保护单位，亦是佛界名寺。其背靠窦圌山三峰，坐北朝南于山脊之上，气势宏伟。云岩寺古称云崖观，历唐宋元明清五大时代佛与道的争锋，现佛道已融为一体，建筑格局基本上是佛教禅宗的庙宇布局，但是其东为禅院，西则是道观，佛道二教在此并存。主要建筑均沿中轴线向纵深分布，由外向内，山门、文武殿、护法殿、大雄殿、宸经楼及东西配殿、客厅、禅堂等依次布局。不过这种两教并存的寺庙，又兼其建制为对称分布的古寺建筑群，在全国实属罕见。

但是更为吸引人的则是西配殿内的窦圌山的精华飞天藏，为我国唯一现存的宋代道教转轮经藏，其中立大圆柱，柱下端固定于地坑中名为“寿山佛海”的藏针上，上包在梁架中，圆柱上架着木枋，以此构成一个八棱八方、高四层的巨型木塔，此塔高10.3米，直径7.2米，可以由人推着运转。飞天藏除了按照一般转轮经藏的形制建造外，上部还有精美的天宫楼阁，下檐平座处斗拱密簇，结构精巧。其华板上有木雕花卉，上下檐及八面板壁上亦有木雕人像，生动精美。

四川绵阳江油市窦圌山云岩寺飞天阁的飞天藏

飞天藏位于云岩寺的西配殿内，是窦圌山的精华，为我国唯一现存的宋代道教转轮经藏

六　重庆罗汉寺

——山城梵宫

重庆罗汉寺在重庆地区非常有名，是一座历史悠久、文化底蕴深厚的古寺。1983 年被国务院定为全国重点佛教寺院，现为重庆市佛教协会所在地。

1. 繁华闹市中的古刹

罗汉寺坐落在渝中区民族路——重庆市著名的罗汉街7号。自其建立始，就一直见证着重庆的风雨历史。如今，旧址换新貌，物景已焕然，与以前的罗汉寺相比，今天的名刹又是别有一番韵味。

古来历有名山伴名寺、名寺藏深山的说法，但罗汉寺是个例外，这座千年古刹坐落在重庆最繁华的市中心。寺庙周围，数十层的高楼矗立直上，有洲际酒店、东方曼哈顿等，这些建筑充满了现代气息。门前，是熙熙攘攘的人流；门后，则是清静一佛界。罗汉寺那朱红色的大木门，把这一时空分隔成两个完全不同的世界——一边是红尘滚滚，一边是梵音渺渺。在这里，现代与传统，新潮与古朴，躁动与宁静，仅仅一墙之隔。

从2006年起，罗汉寺便开始实施改造工程，历时近3年。寺院除重塑500罗汉外，还重建罗汉堂、大三门，制作了千手观音、孔雀冥王、天冠弥勒等佛像。到现在，整个寺院已是焕然一新。走进罗汉寺，只见罗汉个个换新貌，殿宇重规整，仪轨更完善。罗汉寺虽处在闹市红尘中，却是别有洞天。

重庆渝中区罗汉寺山门

罗汉寺有大三门，原为 20 世纪 80 年代所建，后于 2006 年实施改造

罗汉寺历史悠久，最早可追溯到北宋年间，已有近千年历史。罗汉寺走到现代，几起几落，历经艰辛，但最终守得云开见月明，重新走进了信众的视野。

罗汉寺建于宋朝治平年间（1064 ～ 1067 年），遂以当时年号为名，称治平寺。

后在元、明时期，罗汉寺废圮，清乾隆十七年（1752 年），得到复建。清光绪十一年（1885 年），治平寺住持为隆法和尚，他仿新都宝光寺兴建了一座 500 罗汉堂，治平寺遂改名罗汉寺，属临济宗道场。至今，罗汉寺仍旧如昔，香客广聚，游人如织。

时光如梭，罗汉寺在这千年历史中，历经沧桑，几经兴废，几度坎坷，甚至连寺名也几经易改。

宋朝治平年间称治平寺，明朝宣德时期改为古佛崖，成化元年定为罗汉寺，明朝正德年间名藏经阁，崇祯元年又名西湖禅院，清乾隆十七年（1752 年）名龙神池，清光绪十二年（1886 年）复名罗汉寺，沿用至今。罗汉寺曾经建造的有藏经阁、龙神祠、西湖池、书院等，殿宇壮观宏伟。然而，明末硝烟弥漫，战火纷飞，罗汉寺未能幸免于难，只留得藏经阁。清朝康熙五年（1666 年），四川总督李国英予以修复，罗汉寺得到重建。

历史总是不断地重复，兴与毁也总是伴随着彼此。近代是一个充满战乱的时代，日军为进一步侵略中国，1940 年炮轰重庆，罗汉寺也就再一次毁于战火，仅存古佛崖和大三门，寺内的 500 罗汉也遭到严重毁坏。1945 年佛教界予以修复。

新中国成立后，国家对罗汉寺拨款维修，使得这座重庆的“十方丛林”得以保存下来，整个寺院也在这一时期焕然一新。然而，“文革”期间，因破除迷信等活动，寺内 500 罗汉被毁，寺院再一次遇到危机。

在十一届三中全会后，寺庙得到恢复和重建，寺院也交由佛教界管理，1983 年更被列为汉族地区佛教全国重点寺院，同时也成为重庆市文物保护单位。

2. 罗汉寺建筑布局

罗汉寺自始建以来就重视寺院的仪制制度，在历史的进程中虽惨遭兵火，几起几落，但是，仪轨仍旧如昔，旧制度仍旧无恙。这从其主要建筑的格局就可以看出。

罗汉寺现主要建筑有牌坊、山门、明碑亭、古佛崖（又名罗汉洞）、罗汉堂、大雄宝殿、藏经楼、客堂等，建制较以前更为完善，布局更为合理。

进罗汉寺，必须进大三门，大三门原为20世纪80年代所建。2006年的改造工程后，大三门新增制福斗拱，两耳门采用清灰砖雕，设石质台及栏杆。头山门，抬眼便见一座古色古香的牌坊，过了牌坊进到二山门，可见门内塑有四大天王像，表情各有特色，或怒或威，或严或武，整体气势恢弘。循序前进依次为明碑亭，左边是明朝嘉靖壬子年（1552年）吴皋所题的“过滩”“舟夜”“重庆”三诗石碑；右边则是明朝天启癸亥年（1623年）的一通石碑，上面刻有“西湖古迹”四字。门内通道两旁的石壁就是有名的“古佛崖”，又名“罗汉洞”，长20多米。壁上则是有名的宋代摩崖造像，有石刻“过去七

罗汉寺古佛崖宋代摩崖石刻

罗汉寺“十方丛林”门

佛”。尤要注意的是这些石刻以罗汉像居多，其艺术造型精美，与大足石刻的风格相似，是难得的艺术珍品，为市级文物保护单位。进入山门，游者正对面是一面照壁，照壁前水帘之下置了一尊行脚布袋罗汉。寺内地面全部用本地石材和砖雕铺设，着力突出重庆地域文化特征。

再进即为罗汉堂，顾名思义，就是摆放罗汉塑像的殿堂。堂内塑有 500 余罗汉，据闻现存的 500 余

罗汉寺罗汉堂罗汉泥塑

罗汉寺罗汉堂罗汉泥塑精美绝伦，栩栩如生

尊罗汉像系 20 世纪 80 年代初期四川美术学院师生所创，采用的工艺是泥塑彩绘。但是由于重庆特定的地理气候条件，罗汉堂及其堂内的罗汉塑像遭到一定的损毁，因而被相关部门鉴定为危房，而泥塑罗汉像也需要重新塑绘。2006 年实施改造工程后，历时 3 年时间，重庆 18 位高僧才为 500 罗汉像重新开了光，罗汉堂重新面向游人开放。游者可见，罗汉堂罗汉像布局不再是原来“排排坐”的传统形式，而是采用现代的多维变化空间——当你进入新罗汉堂后，会发现头上、身边、柱子上都是姿态各异的罗汉像。

出罗汉堂便是大雄宝殿，匾额上书“大雄宝殿”四个气势恢弘的大字，据调查，该字是清康熙二十年（1681 年）分巡川东使者关中王孙蔚所书。大雄宝殿分为两层，上为比丘坛，下则是大雄宝殿。进得殿内，只见大殿佛龛上是释迦牟尼和弟子迦叶、阿难的泥塑全身像。

释迦牟尼慈悲的眼神，注视着凡世的痴男怨女。此外，殿内还有缅甸赠送的玉石佛像两尊，以及释迦牟尼说法的木刻图案等。殿后则是文殊、普贤以及西方三圣铜铸全身像，为明代所铸。大雄宝殿两侧的墙壁上排列着清代时期的500罗汉浮雕像，全部为金色，据闻这是常州天童寺五百罗汉浮雕的仿制品，但是足以乱真，可见其工艺之精湛。

最后一重就是人们所知的藏有很多珍贵文物的藏经楼，其结构是三楼一底，底层是说法堂，整个藏经楼古朴雄伟、气势恢弘。

罗汉寺藏经楼

藏经楼内藏有很多珍贵文物，其结构是三楼一底，底层是说法堂，整个藏经楼古朴雄伟、气势恢弘

七 重庆慈云寺

——渝中名刹

重庆慈云寺对于重庆人来说，一点也不陌生。它既有着悠久的历史，也有着怡人的风景，是人们经常光顾的地方。

1. 狮子山上长江边

慈云寺位于重庆朝天门外，长江南岸玄坛庙的狮子山上，毗邻长江。这座平地拔起的狮子山虽不高，却通体青翠；林虽不茂，草木却很清幽。整座山峰酷似一头雄狮俯踞在大江边，因此得名狮子山。

重庆慈云寺

重庆慈云寺山门与广场

慈云寺的山门，给人一种雄伟壮观的感觉

狮子山下的慈云寺，依山而建，山门前临江的石梁上刻有一尊威猛无比、活灵活现的青狮，令慈云寺更显肃穆。

1983 年，慈云寺被国务院确定为汉族地区佛教全国重点寺院，现由佛教界管理使用，是渝中名刹。

慈云寺创建于唐朝，初名观音庙，后重建于清乾隆二十二年（1757 年）。当时重庆八省（云、贵、湘、鄂等省）会馆在里面设了一个善堂，举办施钱、施粥、义学等救济事宜。1927 年，云岩法师（即慈云法师，人称八指头陀）云游来此，见慈云寺现状，便募资加以重修扩建。云岩法师立下宏愿要广纳四方弟子，于是他在寺内设一爱道堂以安置尼众，打破了历来僧尼不同院的习惯，把观音庙改变为海禅寺院。海禅寺院在佛界中即指僧尼都可挂单的庙宇。因而凡四众弟子，只要持有戒牒衣袍钵等到此的，通过知客师同意，就可挂单食住。于是观音庙成为全国佛教寺院中唯一一座僧尼并有的十方丛林。后来，云岩法师便把观音庙更名为慈云寺。

慈云寺之所以僧尼合庙，与重庆的特定地理位置有关。由于重庆是长江上游的交通枢纽，早年轮船停泊的码头不在朝天门而在南岸玄坛庙。各地僧尼和男女居士上朝峨眉山，下朝普陀山等地，经过重庆都要到南岸玄坛庙搭乘轮船。有位叫向兴发的领江笃信佛教，皈依云岩法师时立下宏愿，即凡是朝山拜佛的人，在玄坛庙搭乘他领航的福元、福通两轮，一律免费，并供给斋饭。云岩法师见此情景，便广结善缘，打破旧例，建此海禅寺院，以方便接纳五湖四海朝山拜佛的僧尼和男女居士。据闻当时南来北往朝拜九华、五台、峨眉、普陀等山圣地的僧尼，多在此寺驻脚。

为扩建这座寺庙，慈云法师历时数载，亲率僧众，挑石运土，几经艰辛，终于建成。听说当时军、政、金融各界要人如刘湘、潘文华、潘昌猷、陈丽生等均出力资助，成为慈云寺的外护。然而，历史总是和人们开玩笑，十年浩劫中，慈云寺遭受到许多人为破坏，寺庙被严重损毁。拨乱反正以后，慈云寺僧众连年不断对其进行维修。而今，宝殿重复如昔，面貌一新，成为重庆市佛教活动中心之一。

重庆慈云寺大雄宝殿法器

慈云寺中的每一物，都展现着慈云寺的悠久历史

现今，慈云寺已是全国重点寺院，梵音缭绕，香客不绝。

2. 慈云寺建筑布局

慈云寺背山靠水，后倚涂山，前临长江，由此，不难看出整个寺庙所居位置真是个有山有水的灵地。慈云寺总建筑面积达 4000 余平方米，整个结构造型别具一格，气势雄伟壮观。

山门右侧俯卧着石刻青狮一座，传是宋代遗物，与隔江市中区白象街的大白象遥相对峙，俗有青狮白象锁大江之说；另一传说为，因其地处羊角滩下、门坎石上，河流水急滩险，时有覆舟之虞，刻此以资镇摄，既象征佛音如狮子吼，震惊愚顽，又体现了狮子山名的独特风貌。不过可惜的是，原来的那座青狮已在“文革”期间遭捣毁，现在的这座狮子系 1982 年仿造的。

进入山门，便可见石梯陡升，约 30 余级，到月台，面前有一宝殿，这便是慈云寺的大雄宝殿。大殿朱门大开，石栏围立，金色擎柱，雕梁画栋，整个殿堂富丽堂皇，气势恢弘。殿檐正中悬挂着大雄宝殿的匾额，该匾额为当时国民政府主席林森所题赠；左边悬挂着国民政府参军长吕超篆书的“法轮常转”；右边悬挂的则是原四川督军刘湘献立的“慈云法苑”等匾，黑漆朱书，耀眼夺目。两侧为高耸入云的钟楼、鼓楼。月台前置有高大的化钱炉一座，对面的即是护法将军韦驮的殿宇。大雄宝殿正中供奉着释迦牟尼大玉佛一尊，系由缅甸迎来，经福元和福通两轮领江向兴发居士之手，于1931年从上海运抵重庆。当时参与迎护玉佛的还有居士颜顺卿、陈忠富和现为美籍华裔的寿冶法师等人，大家共同努力使得玉佛从遥远的地方来到重庆。玉佛的抵达可谓是当时重庆的一大喜事，当时信众因此无比欢畅。此佛高1.87米，宽1.34米，重3000余斤，是我国现在的最大玉佛之一，庄严肃穆，栩栩如生。佛座两侧绘有十八罗汉像，形态各异，表情生动。玉佛面前挂着四个圆柱形缎彩绣制的金刚幢，上面有用五色金线盘结粘贴而成的《金刚经》全文，精工绣作，世所罕见。此外，大雄宝殿的上层还有一普贤殿，供奉着普贤菩萨，并有各高50厘米的小玉佛两尊，系与大玉佛同时从缅甸迎请而来。

重庆慈云寺大雄宝殿

风格独特的大雄宝殿

重庆慈云寺韦驮殿

简单、质朴之中透露着庄严

过大雄宝殿，左后侧即是爱道堂，此堂为女尼等修行居息之处。

沿爱道堂左侧拾阶而上，半山腰处有望江亭一座，荷花池一个，金鱼池数个，池内有精心雕琢的莲花一朵，莲花上立有一释迦太子像。太子像四周围绕着雕塑的九条龙，不断喷出泉水，淋洒在其身上，因此，此景名为九龙浴太子。据《释迦谱》记载，释迦牟尼佛在印度兰毗尼园降生时，天空中九龙吐水沐浴太子，此景以此意而塑设。池旁有 50 年前自印度移来的菩提树一株，为全渝罕有，至今枝繁叶茂，亭亭如盛，笼罩着整个莲花池。此外在这里，游人还可见一座幽静的小花园，是修身养性之佳地。

大殿右厢临江依阁，建有楼亭 9 个，上下两层，四角飞檐翘立，楼顶绿瓦覆盖，玲珑般的仙桃镶嵌在绿瓦上，可谓“万绿从中一点红”。

两根红柱上分别嵌着白色宝瓶，以此撑托亭盖，供游人观赏日月。这里共计 18 个楼亭，隔江遥望，极为壮观。

邻近有一楼一底建筑，楼即为藏经楼，原系云岩法师茅篷（即方丈住处），现作藏经楼，至今建筑形状未变，依然如昔。下层为西方三圣殿，供奉有阿弥陀佛、观音和大势至菩萨三佛像。

大雄宝殿对面即为韦驮殿，旁边楼房为僧众宿舍，右侧直进角楼上两层分别建有观音殿、文殊殿，庄严肃穆。

狮子山顶有个大花园，园中有八功德水池，系云岩法师扩建此庙时根据《阿弥陀经》中所记载的八功德池建造的，此池用磨石制成。据记载，八功德水者，即谓此水一澄净、二清冷、三甘美、四轻软、五润泽、六安和、七能除烦恼、八能长养善根。水池上有假山、花草，池中荷花盛开，观者有微妙香洁之感。附近有玲珑别致的曲廊和凭栏览胜的浩月亭，最高处为燃灯古佛洞。游者登高眺望，左可以看到长江大桥，右可以纵观朝天门港口，俯看可见全寺的楼台亭阁。此情此景，当真让人有飘飘欲仙之感。

3. 慈云寺典藏

慈云寺和其他寺庙一样，有着丰富的典藏，现存的珍贵文物，除前文所说的大小玉佛外，还有：

（1）金刚幢，共 4 个，系 20 世纪 30 年代本寺做水陆法会时常用的庄严陈设。幢身系用红、蓝、黄色的锦缎分别制成，长 4.65 米，宽 1.43 米，形如圆柱，上以金线绣刺正楷字体的全部《金刚经》共 6000 余字，字迹端正，绣工精细。

（2）千佛衣，计存 10 余件，其中 9 件较新。每件绣有 120 个佛像，神态庄严，各具特色，技艺精湛。佛衣始制于 1928 年，用约 4 年时间才得以完工，系真武山续柱和尚经手制成，原存于涂山寺，1950 年被迎到慈云寺，是极为珍贵的文物。

（3）宋版《碛砂藏》经、《频伽藏》经各一部，共 14000 余卷，内容包括佛教经、律、论三藏，是极有价值的佛学典籍，特别是《碛砂藏》经，乃当代珍本，收藏在藏经楼。

（4）普贤幢，两个，是 1983 年请重庆绣花厂制成的，手书正楷，绣约 6000 余字。

（5）古籍字画。存有清代的指画两幅，竹禅和尚绘作的观音像一帧，影印的贯休十六罗汉像一幅，观音画像两册，日本早年出版的佛像影画，以及现代名书画家蔡岚的观音、达摩祖师画像和杨竹民的墨竹等大批字画。

慈云寺藏经楼

4. 慈云寺佛事活动

慈云寺除了日常的礼佛外，还进行一些其他的活动，具体如下：

日常礼仪部分：

（1）朝暮课诵，按佛教寺庙的传统习惯，每天早晚僧众都需聚集在大雄宝殿里，礼佛诵经咒。这在每个寺庙都是有要求的。

（2）晨钟暮鼓，按照佛教教义，为了引起人们警觉，破除昏醉沉迷，促使精进修学佛法。在朔望（即初一、十五）和各菩萨的诞辰，均要在大殿两侧的钟楼、鼓楼撞钟击鼓，伴以沙弥高诵的《钟声偈》，以此警醒世人，破除世人的执着。

法事部分：

（1）水陆法会，这个活动平均每月举行一次，最少为期 7 天，最多为期 49 天。因为每次都是云岩法师住持，故云岩法师又得了另一称呼，即“水陆法师”。现在则是由正澄法师住持法会活动。

（2）普通佛事，这种佛事主要有放焰口、念经拜忏、打普佛、供天等。慈云寺的僧尼的这些佛事主要是为自己举办，若信众请求，他们也会依例进行。

（3）四众弟子集会念佛，这个活动在农历每月的初一、十五日、佛诞生日、佛成道日、观音会等六个大的节期进行，活动过程中，寺庙均要举行群众性佛事活动，有僧俗的四众弟子参加。

（4）皈依，由于宗教政策的贯彻，适应信众的要求，每年均举行皈依仪式一次，行授三皈（即皈依佛宝、皈依法宝、皈依僧宝）五戒（即不杀生、不偷盗、不邪淫、不妄语、不饮酒）。受皈依者即为正式的佛门弟子。

以上的这些佛事活动虽在每个寺庙都会存在，但慈云寺的佛事活动中也有着自己独到的特色。

小知识◎大足圣寿寺

大足县位于重庆西部，始因石刻闻名于世。

宝顶圣寿寺在大足县城东北 14 公里处，为南宋赵智凤创建，后遭元、明兵毁，明、清两度重修。现存山门、天王殿、帝释殿、大雄殿、三世佛殿、燃灯殿和维摩殿七重殿宇，为清代重建。此地古木参天，殿宇巍峨庄严，红墙绿树环绕，景色幽静秀丽。七重殿宇依次分布，依山势高低走势而建，错落有致。

大足圣寿寺最著名的就是宝顶石刻，初创于唐宋年间，历经后梁、后唐、后晋、后汉、后周五代至南宋绍兴三十二年（1162 年）完成，历时 250 多年。包括以圣寿寺为中心的大佛湾、小佛湾造像。巨型雕刻 360 余幅，以六道轮回、广大宝楼阁、华严三圣像、千手观音像等最为著名。在我国古代石窟艺术史上占有举足轻重的地位。

宝顶山是佛教胜地，有“上朝峨眉，下朝宝顶”之说。宝顶山石刻造像以大佛湾为中心，东南西北共13处石刻造像，其中大佛湾石刻造像的规模最大、艺术价值最高，保存也是最完好的。北山石刻以佛湾造像最为集中，分南北两区域，南区多为晚唐、五代作品，北区则以两宋作品为主。

圣寿寺开山祖师为赵智凤，著名传法祖师有南翁、晴舟、慧妙、照知等禅师。寺内植物多为数百年古树，如银杏、黄芩、古柏、金银桂等。另有僧舍利塔三座，最著名的是“南翁禅师塔”。

重庆大足圣寿寺

大足圣寿寺为南宋大足僧人赵智凤所建，原因是晚唐密教居士柳本尊在广汉所建寺院曾得到宋神宗的赏识，敕号“圣寿本尊殿”。赵智凤为纪念祖师柳本尊，因此仍以“圣寿”命名。赵朴初书“圣寿禅院”四字

八 贵阳弘福寺

——黔灵之冠

贵阳弘福寺，坐落于黔灵山上，环山而建，有300多年的历史，其开山祖师是康熙年间的临济宗传人赤松禅师。

1. 荒烟寒雨黔中古寺

弘福寺坐落于贵阳市西北角的黔灵山上。黔灵山顾名思义是黔中灵山，原名大罗岭，旧名唐山。在明代以前，“因其生于边鄙，埋没于荒烟寒雨中”，又因属虎豺之宅区，狐猴之居地，所以被称为荆蛮

黔灵山弘福寺

位于青山之中的弘福寺广布佛法，有“黔南第一山”之美誉

黔灵山弘福寺法华经塔

法华经塔，七级六面，高 15 米，刻三十六佛及佛经摘录，奉藏《妙法莲华经》，建于 1990 年冬

之地而未能得到开发。直到明永乐年间（1403 ～ 1424 年），镇远侯顾成游登并发现圣泉之后，山中景点才始见于史籍。到清康熙十一年（1672 年）佛教临济正宗第三十三代传人赤松禅师于此山中创建弘福寺，名其山为黔灵山后，这座处于黔中万山丛中的独秀灵山才令人瞩目，直至广为人知，被人们冠以“黔南第一山”之称，弘福寺亦因此知名于天下。

弘福寺历史悠久，始建于清康熙十一年（1672 年），竣工于康熙二十二年（1683 年），花了整整 11 年时间才得以建起。从其建立之时起算，至今已有 300 多年的历史了。

赤松旧隐，弘福始来

黔灵山弘福寺的开山祖师是赤松禅师。赤松（1634 ～ 1706 年）祖籍浙江，俗姓韩，幼年随父母由四川避乱入黔。15 岁时于贵阳药王庙拜灵药和尚为师，剃度出家，取名道领。数年后，赤松出任贵阳寿世禅院住持。因出入方便，赤松便常游黔灵山，见山上松竹茂密，山

黔灵山弘福寺赤松和尚石刻像

赤松和尚（1634 ～ 1706 年），俗姓韩，法名道领，号赤松，祖籍浙江，临济正宗三十三世大和尚，黔灵弘福寺的创始人

清水秀，景色优美，就一心想在这里开创佛寺。

康熙十一年（1672年），黔灵山脚大罗木村佛教徒罗妙德等人赠予赤松一片土地，就此，赤松修筑了一座茅篷。今天灵山路旁的石壁上刻有“赤松旧隐”4字，据闻就是当年赤松禅师所建茅篷的旧址。

第二年，在清政府和地方官员的支持下，赤松开山修寺，建成僧寮、大雄宝殿及山门。至康熙二十七年（1688年），黔灵山弘福寺已购置数百块田产，年收租1200石，常住僧众30人。僧众非常富有，有“金方丈，银知客”之说。赤松依照佛教丛林之规章制度，在寺庙设“两序”，立“清规”，续“法派、挂单、传戒”，使得寺院规制完整，同时赤松又广泛收集佛教经典，使得寺院内的僧众能够学习渊博的佛学知识。

赤松的种种努力，提高了弘福寺的知名度，使得闻者广至，寺院香火日益兴盛，成为全黔寺院之首。

晚年，赤松撰写了《黔灵山志》，对弘福寺进行了全面的介绍。无疑，这是一部非常有价值的研究资料。1706年，赤松圆寂，葬于黔灵山，塔铭为“传临济三十三代正宗黔灵山道领和尚之塔”。随即，赤松的弟子瞿脉出任弘福寺方丈之职。乾隆以后，弘福寺进行了多次维修和重建，并在其原来基础上进行了扩建，使之成为有15座殿堂庙宇的佛教寺院，素有“黔中寺庙之冠”之称，并与当时的贵阳栖霞寺（东山）并称“东西二胜”。

1905年至1946年，弘福寺先后曾传戒18次，并在这里创办了贵州佛学院，成为贵州省的佛教活动中心。到了1949年，弘福寺有赤松“法统”的传承人达到了12代，寺庙常住僧众100多人，可见其规模之大。

十年浩劫，弘福寺佛像全部被损毁，殿宇残破不堪，整个寺庙遭到严重损坏，再无昔日的风采。

2. 环山而建的弘福寺

弘福寺建筑主要是环山而建，为四合院的建筑格局，采用了我国传统的中轴对称建筑格局，所有的主殿都在一条中轴之上。其建筑主要有三门、天王殿、观音殿、大雄宝殿和说法堂、藏经楼等。

首先，大门正对面有一大型石雕壁——九龙浴佛。相传佛教创始人释迦牟尼佛诞生时，从天上不同方向飞来九龙为之吐水沐浴。该石雕于 1992 年 10 月落成。中间那位就是释迦牟尼，他原名悉达多·乔答摩。佛陀降生这一天正是中国农历四月初八，后人为了纪念佛陀诞生便把这天称作“佛诞节”“浴佛节”。

寺院的大门称为“三门”，即是并列着三扇拱门，一大两小，象征着“三解脱”（即空门、无相门、无作门）的意思。

在三门旁有一旗杆，悬有一面彩色旗。这便是佛旗，是 1950 年在斯里兰卡科伦坡举行的世界佛教友谊会上讨论并制定的。它是根据释迦牟尼成道时，圣体放出 6 种色光来制定的，分别为蓝、黄、红、白、橙以及前五色的混合色。

进入三门，其两侧分别是钟楼（右）和鼓楼（左）。其中悬于钟

黔灵山弘福寺“九龙浴佛”照壁

楼之中的一座明朝所铸铜钟，距今已有 500 多年的历史。它铸于明成化五年（1469 年），高有 4 尺余，重有 3000 余斤。每年除夕夜，这里都会举行隆重的撞钟仪式，以祈来年国泰民安，并激发人们广种善心，以积极的心态面对人生。

正前面对的便是寺院的第一大殿——天王殿。殿正中供的是弥勒菩萨金身塑像。他满脸含笑，袒腹竖一膝，憨态可掬。在弥勒菩萨两旁，立着神气威武的四大天王，也称“四大金刚”，怒目而威。右侧的两尊分别是东方持国天王（手持琵琶），名为多罗吒；南方增长天王（手持宝剑），名叫毗琉璃叉。左侧两尊分别是西方广目天王（手持蛇），名为毗留博叉；北方多闻天王（手持伞），名为毗沙门。他们所拿的法器，分别代表着“风”“调”“雨”“顺”。

天王殿背后供奉的便是地藏王菩萨，只见地藏王一手拿着一颗明珠，另一手持“锡杖”，面部温和，神态安详。传说地藏王菩萨本是古朝鲜的一位王子，他看透了王室的纷争，便不远万里于742年来到安徽九华山出家修行，成为了九华山佛教的开山师祖，也正因为他，九华山成为中国四大佛教名山之一。

接下来的这座大殿就是观音殿。大殿正中供奉的便是“千手观音”。唐代时因避李世民名讳而省称“观音”，又名“观世音三二应身像”，共有32臂。殿两侧的塑像则是观音菩萨不同的应身像。观音的两边是他的两位侍者：龙女和善财。

观音殿背后塑有一尊菩萨，他便是韦驮菩萨，其职责和四大天王相似，专门保护寺院和修行者的安全。韦驮菩萨手里拿着一根金刚杵，身着将军服，威武雄壮。在这里有一个传说，相传释迦牟尼涅槃火化后，有个外盗“捷疾鬼”偷走了佛的两颗牙齿，被韦驮发现，便拼命追赶，终于抓回窃贼，夺回佛牙。从此以后韦驮便专职保护佛的坟墓，作为守墓者的韦驮自然也就面对大雄宝殿。关于韦驮手持金刚杵也有一种说法，如果金刚杵立于地上，另一只手在胸前立掌，则说明本寺不接待外来挂单（长期在此居住修学）的僧人；如果金刚杵横放于两肘之间，双手合十便意为可接待四方云游僧人。

接下来便是大雄宝殿了，大雄宝殿是整座寺院最大的殿堂，寺院的主要佛事活动一般都在这里进行。大殿正中便是释迦牟尼佛像。两旁分别是他的两位弟子，左为迦叶尊者（年长者），据说他是佛众弟子中修行最能吃苦的，因此被誉为苦行第一；右为阿难尊者（年轻者），他是释迦牟尼的堂弟，因一直侍奉在佛的身边，因此听佛说法的时间最长，故被誉为多闻第一。大殿的两边分别塑有十八罗汉像，俱为释迦牟尼的优秀弟子。在大殿后两侧也塑有两位菩萨，左边为普贤菩萨，坐在一只大白象的身上，四川峨眉山便是他的道场；而右边这尊则是文殊菩萨，他的座骑是一头青狮，山西五台山便是他的道场。两位菩萨是释迦牟尼佛的得力弘法助手，分别代表大行和智慧。

过大雄宝殿，即可见一座三层建筑。第一层为法堂，寺院中的高僧常常在此说法；第二层为玉佛殿，供有玉质释迦牟尼佛像、观世音菩萨像、弥勒菩萨像等 10 余尊。玉佛像是在 1989 年从缅甸迎请来的，十分珍贵。第三层为藏经楼，内藏《乾隆大藏经》《中华大藏经》《房三石经》等珍贵经典。佛教经典称大藏经，其内容由三部分组成：经、律、论，故又称“三藏经”。其中，经藏是佛为指导其弟子修行所说的理论，律藏为佛给弟子规定的生活规则，论藏是佛给弟子们阐明经的理论的著述。

3. 五百罗汉堂

自唐朝以来，一些大型寺院就修建五百罗汉堂。关于这五百罗汉有各种说法，其中最可信的一种说法是，释迦牟尼涅槃后，大弟子迦

黔灵山弘福寺罗汉堂罗汉雕像

弘福寺塔林

弘福寺外历代高僧的灵塔组成的塔林

叶召集了 500 位和尚在灵鹫山共同将释迦牟尼佛生前所说总结成册。后人为纪念这些人所做出的贡献，便把他们称为“五百罗汉”。

其次，便是“素香斋”餐厅，在寺院的左后方。在这里有丰富可口的素斋，尤其是仿荤素菜，都是用各种素食品制作的，更是有名。

小知识◎赤松小传

赤松，法名道领，别号黔灵，俗姓韩，名景琦。祖籍浙江，后迁湖南长沙，后移至四川潼川（今三台县）东塔山青滕坝，历有数世，乃为潼川名门望族。赤松出生于明崇祯七年（1634 年），排行第五，自幼聪明过人。6 岁丧父，家道衰落，后被过继给杜氏做养子。此时正值明末战乱之际，四川亦是战火纷扰，川中百姓无奈纷纷避难入黔，赤松也和杜氏夫妇因此而来到了贵州。时贵州尚在南明的控制下，较为安宁，于是赤松有机会再一次进入私塾攻读，借此又进一步阅读了儒家的四书五经，并开始接触佛学书籍，被其吸引。这与赤松的生活环境和生活经历有关，由于他自幼丧父，继为人子，又置身于战乱之中，生活颠沛流离，所以很早就产生了隐逸避世的思想。因而，对于他来说，佛学书籍是开启他进入佛界的钥匙，以致一接触到佛学书籍，立刻就被深深地吸引住了。

黔灵山弘福寺赤松道场石碑

赤松和尚（1634～1706 年）俗姓韩，法名道领，号赤松，是弘福寺创始人

明末清初中原沦陷，西蜀战乱，而滇黔仍为南明属地，故当时中原两蜀名僧大德纷纷南迁至滇黔。清顺治十年（1653 年），中原密云大师的弟子灵药和尚

（1604～1670年），亦由浙江天童山来到贵州，未满20岁的赤松闻之即往投礼，求其指示。灵药乃收赤松为弟子，给赤松剃发，取名道领，自此赤松正式出家，成为佛门弟子。

同年，灵药得法弟子西识和尚为其业师。后赤松至慕役司（今关岭、紫云一带）紫竹寺参灵隐禅师。他在灵隐处受具足戒，取得了正式僧人的资格。后闻得破山高弟敏树和尚在海龙山（海龙囤）弘法，赤松乃上山往参敏树。敏树禅师收其为得法弟子，是为临济禅宗第三十三代传人，破山的再传弟子，此时赤松年仅30岁。

赤松成为临济禅宗第三十三代传人后，其名逐渐闻于黔中佛教丛林。清康熙六年（1667年），他出任刚刚建成的贵阳药王庙寿世禅院（又名延寿堂，位于今贵阳都市路汇灵巷处）住持，开堂说法，以至贵州督、抚、司、道等大员临席听法，一时轰动省城。康熙八年至十一年初，赤松闭关于寿世禅堂，3年期满，贵州巡抚曹申言率文武官员及信众千余人，共造法衣法帐，迎请赤松出关，结制传戒，盛极一时。康熙十一年（1672年）春，赤松偶然行脚至贵阳西北的黔灵山，见松竹茂密，山明水秀，景色如画，决心上山驻锡，创建黔灵山寺（弘福寺）。从此赤松就长住此山30余年，直至圆寂。圆寂后其灵骨亦存于黔灵山宝塔峰半月穴之赤松塔中，塔碑镌有其传承弟子瞿脉禅师的题字“传临济三十三代正宗黔灵开山领和尚之塔”，印刻有贵州提督兼翰林院修撰蔡珽所撰的《黔灵赤松领禅师塔铭叙》，至今均保存完好。

九　遵义湘山寺

在遵义城中心，湘山之上，坐落着一座古刹——湘山寺。千百年来，这里高僧辈出，宗风远扬，代代相传，是全国汉传佛教重点寺院和省级重点文物保护单位。

1. 千年古寺

湘山寺位于贵州省遵义市中心，雄踞红花冈区群山环抱、俯临湘江的湘山之领。古人曾题诗描绘湘山寺美景："晴风吹皱白练裙，春树翻杯摇绿云。流莺啼到最深处，落花如雨吹缤纷。"此地位置佳、风景美、规模大，是黔北佛教中心，也是一处旅游名胜。

遵义湘山寺历史悠久，至今，已有1200多年了，虽然中间数易其名，但是并不影响它在世人中的知名度。

湘山寺始建于唐代宗大历年间（766～779年），名万福寺。元初称护国寺，明末称湘山寺，清中称双泉禅寺，民国初称万寿禅院，但湘山寺之名却被沿用至今。

几度风雨，几度沧桑。宋元两朝，湘山寺逐渐兴旺，然而在明末平播战役中被烧成瓦砾。清初智清卸(云集道台)返川经此，捐银300两，重建寺庙。乾隆丙申年（1776年），照宽和尚亦如是，最终历时6年湘山寺竣工。乾隆时（1736～1795年），普印和尚如前二者，率众维修该寺。光绪八年（1882年），寿林和尚倡众捐银2000两维修寺庙，历时10年。光绪二十三年（1897年），法云和尚智慧过人，改建寺庙。

贵州遵义湘山寺

湘山寺位于贵州省遵义市中心，是黔北佛教中心

他既是遵义府最后一任僧纲司，又是民国初年首任遵义佛教会会长。民国年间，心慧法师接任住持，在职期间，道风日盛，香火日兴。然而因战争，湘山寺再一次遭到损毁。

1959年，流落在外的本法住持等十僧三尼陆续返寺，并从金鼎山万福寺迎来缅甸赠的玉佛一尊，从龙坪瓦厂寺请来木雕十八罗汉及经书、法器等，于是寺院农禅并举，佛寺活动又正常开展起来。近年对寺院进行了大规模恢复重建，山门、普照楼、天王殿、法堂和方丈院都得到了重修。

2. 湘山寺建筑布局

历经千年风雨，如今的湘山寺势雄姿秀，布局疏密有致，结构严谨。主要建筑由大雄宝殿、观音殿、天王殿、韦驮殿、藏经楼等组成。

大雄宝殿是湘山寺的主殿，也是寺内最大的殿堂。“大雄宝殿”四字匾额由刘海粟先生题写，苍劲有力。在大雄宝殿金光闪闪的大柱上，有中国佛教协会原会长赵朴初先生题写的一副楹联：“芬郁灵台三际佛光常照彻，华严觉地十方法界总含融。”匾额“人间净土”为佛学大师虞愚手迹。大殿前门刻二龙拥日，后门雕双凤朝阳，屋脊双龙拥鼎，翘角飞龙戏水，建筑工艺精巧。殿内，正中有 5 尊金身如来佛像，人称五方佛，是金代原作，法相庄严。两侧是二十四诸天，这些立像高达 2.5 米左右，人物形象刻画生动，形态各异。西、南两壁绘有佛传故事画。左右设有钟鼓二楼。整个殿宇全以青石铺基，大殿周围的栏杆用遵义地区出产的白棉石精雕细琢而成，洁白雅致。

大殿东侧为文殊阁遗址，西侧为金贞元二年（1154 年）所建普贤阁。普贤阁乃是一座三间见方重檐九脊的辽式楼阁，采用平座暗层做法（即两明层之间有一暗层），尚存唐代楼阁遗风。细部结构许多处与辽清宁二年（1056年）所建应县木塔相似。1953年修缮时发现“（金）贞元二年（1154年）一行造”题记，证明系金代重建。楼阁坐西向东，阁内置有木梯，可登阁远眺。原在御河西岩，为镇压河妖，消除水患而铸造伫立，后移于此处。普贤阁和文殊阁为一对称的楼阁建筑，位于大殿与三圣殿间的东西两侧，又称东楼、西楼。东侧的文殊阁在民国初年毁于火灾，西侧的普贤阁是金贞元二年（1154年）重修之物。文殊阁坐西向东，乃是一座3间见方的两层楼阁，重檐九脊顶，下檐为平座，上檐施以斗拱，两檐均以筒瓦覆盖，外观精巧，比例匀称，是研究中国辽金建筑的珍贵实物。

三圣殿建于金天会六年（1128年），该殿独具风格，为金初代表性木构建筑。殿内4根立柱与4根辅柱支撑梁架，庑殿顶式，左右次间各出60度斜拱。殿内用四根金柱支撑梁架屋顶。大殿内塑立像3尊，中为释迦牟尼佛，右为普贤菩萨，左为文殊菩萨，称“华严三圣”，故取名三圣殿。三圣佛像之前，有二位胁侍菩萨侍立，佛坛后面有护法韦驮塑像，手持降魔杵，威武雄健。此殿还存有四通碑碣，是研究该寺的重要历史资料。

观音殿内的千手观音塑像雕刻精美，金光灿灿，栩栩如生，神态安详。各殿两厢配以庑廊回护，与主体相应，形成院落。各院之间均有玲珑园门相通，汉白玉石廊相连；院中雅池如镜，供游客探幽投壶；花坛四时吐艳，盆景四季常青，与红墙绿树相互辉映。

天王殿中有天王塑像，他们的飘带、金冠、战靴、宝剑、玉带、披甲等都雕刻精美，形象别致，威严庄重。殿中还奉有弥勒像，面目慈祥，笑容可掬，上方匾额书“皆大欢喜”4个金字。

位于天王殿东侧的望江楼中西合璧，是一座十字形斜顶式三重檐建筑，高15米，楼内24根立柱和118棵横梁均作隐蔽处理。全楼84

根挑檐，下垂 84 朵吊钟花，24 个翘角，层次交错，凌空欲飞。一、二楼四面挑梁，撑出长廊，玉栏相围，造型别致，气势非凡。

湘山寺还建有 7 座高僧舍利塔，均选用上好石材建造，其中 5 座是清朝中叶建造，岁月风化的痕迹清晰可见。

十 昆明西山诸寺

昆明西山，古称碧鸡山，为碧蛲山、华亭山、太华山和罗汉山的总称。

这是一个峰峦起伏、鸟语花香、层林叠翠、山清水秀的大型森林公园，其中坐落着华亭寺、太华寺、三清阁、龙门、聂耳墓以及普贤寺等。

1. 华亭寺
——梵唱数声烟寺晓

山秀池清，华亭盛名

华亭寺位于云南省昆明市西山华亭山山腰。华亭这个名称，最早可以追溯到大理国时代。相传鄯阐侯高智升曾于1063年在这里修建别墅，到了他的后人高贤时，便给这座山命名华亭，从此这里一直是高氏家族游宴的地方。据《启建华亭山大圆觉寺碑》记载，高智升后代高政、高贤到此游玩，恰遇山中奇花芬芳，青草依依，云彩绚烂有如华盖，放辉煌之瑞光，更有仙鹤鸣叫，极其像华严之境界。二人借祥瑞之兆，将此山命名为华亭山，取“华表鹤归”之意。而华亭这个名字便一直沿用至今。

华亭寺历史悠久，最远可追溯到元朝时期，直至现代，已是700多年历史。回首，华亭寺从无到有，寺名几经易改，中间经历了很多的兴衰荣辱，才走到现在。然而，华亭佛法不停，禅风继续，1983年4月更是被国务院批准为全国汉族地区佛教重点寺院，现今已是蜚声遐迩，闻名于海内外。

说起华亭寺的历史，不得不提玄峰禅师，正是因为他，才有了华亭寺的存在，他在华亭寺的历史上是一位开山创寺的人物，是华亭寺的祖师。

元朝延祐七年（1320 年）雄辩法师的高足玄峰和尚在此结茅庵修行。至治三年（1323 年）他募化修建了大光明殿，供有毗卢遮那佛及十二圆觉菩萨。其后几年间，玄峰大师苦心经营，又募建了大山门及两廊两庑，规模逐渐增大，《启建华亭山大圆觉禅寺碑》说：到 1334 年，“其方丈、浴塘、香庖、座禀、圆匦、磬函，靡不完备，彩饰丹

西山华亭寺的风景

华亭寺位于云南省昆明市西山华亭山山腰。初名圆觉寺，后改为华亭寺。其寺内风景秀丽

垩，栏楯台榭，苑辟垣墉，悉皆缜密”。此时该寺称圆通寺。元顺帝至元五年（1339 年），玄峰和尚亲往江南，请回《大藏经》一部，计有 1465 函，在圆觉寺建多宝殿贮藏。在玄峰大师 20 多年的努力下，圆觉寺终被建成一座规模庞大的寺院。

圆觉寺，曾几度荒芜，又几度重修。明景泰四年（1453 年），朝廷派驻云南的太监黎义曾复修圆觉寺。陈宜《敕赐华亭寺碑记》载：“拓其址而弘其规则。”经过重修，“中为大光明五光佛殿。后为佛华宝阁，殿之左右为清隐殿、僧堂、齐堂、方丈、僧寮、设像崇严，彩绘鲜丽”。天顺六年（1462 年）英宗皇帝赐其名为华亭寺。后因明清两代的战火及回禄之灾，圆觉寺遭到损毁，虽被时人加以重建，但规模不复以前。

民国 9 年（1920 年），圆觉寺因为管理不善而破败不堪，日愈荒废，于是寺僧打算出售给外国人开办俱乐部，当地政府予以批准。原驻鸡足山祝寿寺的近代高僧虚云禅师闻得之后，请时任云南省省长唐继尧制止此种行为。在唐继尧的支持之下，虚云禅师成功地挽救了圆觉寺的命运，并成为圆觉寺的住持方丈，担负起中兴华亭寺的重任。在修建过程中，有人曾从瓦砾中掘出残碑一块，只余首行字，上面写着“云栖寺住持隆章见性仁山重修常住碑记”，其余字迹均模糊难辨，大家得知此寺曾名“云栖”。重修后唐继尧重题寺名为“靖国云栖禅寺”。不过昆明人仍习惯称之华亭寺。

复建圆觉寺，其工程浩大使得扩建过程持续了 6 年之久。在此期间，虚云禅师四方募化，历尽艰辛，终于使圆觉寺扩修成功，成为昆明地区佛教一大丛林，至今仍香火不断。现在华亭寺的整个布局、坐向、构架等，大体上都是虚云住持修建的原貌。

原藏经楼，因年代久远，建筑已然风雨飘零，20 世纪 70 年代被拆除，后在政府支持下，经全寺僧众努力，在原址上重建了藏经楼。原有的方丈室也得到了修复。不过 1995 年 2 月 14 日因管理不善，大雄宝殿被毁于凌晨两点的大火。所幸后来昆明市佛教协会副会长心明禅师担任寺住持，在省、市领导关心帮助和社会各界鼎力相助下，大雄宝殿重修成功。在重修过程中，工匠对华亭寺内的罗汉、佛像等用新工艺进行彩绘、贴金，面貌不同往日。整个大殿在这些新绘的佛像的衬托下，显得更加雄伟壮观、庄严肃穆，全寺面貌也焕然一新。

华亭寺建筑布局

华亭寺既是坐落在西山之上，必是青山绿水共为邻，禅音木鱼相作伴。整座殿宇掩映于丛林之中，平添了几分神秘和肃穆。且看，左倚卧佛、太华山峰，右傍玉案、碧峣诸岫，前对滇池，真个是神仙也流连之地。明朝嘉靖年间，著名文学家杨慎应当时寺僧德林的请求，用绮丽而清新的语言写下了一副对联佳作，描绘的就是华亭寺一带的景色，韵味无穷，即为：

一水抱城西，烟霭有无，拄杖僧归苍茫外；
群峰朝阁下，雨晴浓淡，倚栏人在画图中。

华亭寺建筑共分三层，规模宏伟，布局谨严，主要建筑有天王殿、大雄宝殿等。

与其他寺庙不同的是，别的寺院山门即是门，而华亭寺，则有点特别。站在华亭寺入口，即可见得一门窗镂空雕花的三层楼台，此楼台是虚云禅师所住持建造，楼上悬挂着钟一口，每晨昏午夜间撞动，钟声飘扬千里，响彻华亭山麓。据当地老人说，建钟楼之时，凡是听得到钟声的地方都属华亭寺管辖。钟楼对于华亭寺来讲，也就是寺院的山门。

入山门，映入眼帘的是一池清水，这是“放生池”，意味着佛家的悲天悯人的心怀。池前建有 8 座石塔，据闻为清朝嘉庆年间八位法师的圆寂塔。在佛教中，塔也是佛的一个象征。所以，在佛教传入中国后，塔也被人们所祭拜。

过了放生池，西行来到了天王殿。天王殿坐西朝东，雄壮巍峨。殿上高悬一匾额，上书“海不扬波”，意思就是说到了这里就等于是进入了佛国圣地，此处佛光普照，佛法弘扬，一切红尘是非、惊涛骇浪等都不复存在。人们将进入一个祥和宁静的“天堂”。在这里，“海不扬波”也有警示游人进入佛国圣地，不得高声喧哗之意。

殿前台阶左蹲青狮，右伏白象，象征着佛教的威严和庄重。

殿外则一左一右立有两尊金刚，皆头戴宝冠，有着凶神恶煞般的容颜，见者心惊。左像怒颜张口，高悬降魔杵；右像忿颜闭口，怒目圆睁，手握荡魔杵。同跨金睛避水灵兽，这便是后期佛教教典中所提及的“密迹金刚”和“秽迹金刚”。他们露牙睁目、凶猛可畏，既显示了佛门的森严肃穆，又使得跨进大门的芸芸众生顿起惶恐、敬仰之心。我国民间则将他们俩称为“哼哈二将”。华亭寺中这种“坐式金刚”在我国佛寺中为数极少，实属珍品，是雕塑界闻之欲见的稀罕物。

进入天王殿，迎面而来的便是大肚弥勒菩萨，他是过去、现在、未来三世佛中的未来佛。其他两世佛分别是燃灯佛（前世）、释迦牟尼佛（现世）。在中国，弥勒佛的形象是根据布袋和尚的传说而塑造的。据说弥勒佛出世之时，人间充满光明，奇景异色，五谷丰登。因为他能给人们带来如此的幸福，所以人们对他的朝拜一直以来都很兴盛。

天王殿左右两侧是四大天王像。四大天王是居住在刀利山下须弥

华亭寺千手观音铜像

山山腰守东、西、南、北四方的神将。各自守卫着自己的领土，护佑着人民。

弥勒佛之后便是韦驮菩萨，这位菩萨手执金刚杵，身披战甲，威风凛凛，让人不敢直视。

出天王殿，即可见一上一下两层庭院，下层庭院有名茶“狮子头”，亦有被称为“活化石”的银杏树。此外，还有佛界中所称的“八公德池”，池上架有雕栏石桥，景色怡人。上层庭院两边的花台中是名贵花木“朱砂玉兰”，下有一人多高古香古色的石香炉，香烟袅袅，紫烟中，高大雄伟的大雄宝殿华光四溢。

大雄宝殿正中高悬一匾，上书“瑞云栖止”，瑞云是指祥瑞的彩云，栖止是栖息停留的意思。此匾是云南督军、靖国联军总司令唐继尧于1920年请著名高僧虚云和尚到此，为超度靖国诸役阵亡将士亡魂而立。进入大殿，便可见三世佛高居于莲座之上。当中一位就是释迦牟尼大日如来像，他双目微睁，神态庄严肃穆，双手仰放于腹前，这一手印称为禅定印，表示禅思。神龛的北侧供奉的是药师琉璃光佛，他右手

华亭寺大雄宝殿所奉铜像

华亭寺大雄宝殿供奉的主尊就是佛祖释迦牟尼

托一宝塔，有救人一命胜造七级浮图（宝塔）之意。左手向外上举，施无畏印。此手印能使众生无所畏惧，勇气倍增，战胜病魔。神龛南侧供奉的是阿弥陀佛，阿弥陀意为“无量寿”，因其寿命无穷无尽，所以又称他“无量寿佛”。他左手托一莲台，表示接引众生前往他的国土（即西方极乐世界），右手上举施无畏印，表示一切无畏战胜心魔，终达幸福彼岸。阿弥陀佛左右胁侍为观音和大势至，他们合称“西方三圣”。

在三世佛背面，是身高3米、金光闪闪、脚踩鳌龙头顶、左握“净瓶”、右手拿柳枝的观音菩萨。“观音”原作“观世音”，是梵文的音译。因其能“观察”世上一切声音，进而拯救一切众生脱离苦难，被众生尊为“大慈大悲，救苦救难观世音”。观音旁边的童男童女分别是善财和龙女。

大殿的四周便是形态各异、神态逼真的五百罗汉。在这里，耐人寻味的是，其他寺院的五百罗汉都置于罗汉堂中，而在华亭寺，罗汉们却全都置于大雄宝殿中。

2. 太华寺

——太虚上清，华之佛光

雄峻庄严的太华寺又称“佛严寺”，位于太华山上，居西山群峰之中，森林茂盛，为西山最高峰，海拔 2500 米。太华山东临滇池，北接华亭山、碧鸡山，南连太平山、罗汉山，是西山的最高峰。这一带峰峦起伏，溪水潺潺，松木苍翠。太华寺依山傍水，掩映在绿树翠竹之中，蔚为壮观。

太华寺始建于元大德十年（1306 年），为梁王甘麻剌创建。云南禅宗的“开山第一祖”玄鉴（又名无照）常在此讲经说法。后被明黔国公沐英奉为家庙。明末被毁，清康熙二十六年（1687 年），总督范承勋重建。咸丰年间大悲阁又遭战火烧毁，光绪九年（1883 年）又重建，至今保存完好。

太华寺坐西面东，布局严谨，以大雄宝殿为中心，两边分出游廊，与两厢亭阁楼台相串连，全部建筑占地 3562 平方米。建筑艺术别具特色，对喜好建筑的人们来说，太华寺的建筑值得观赏和研究。

拾阶而上，映入眼帘的便是石坊中门横额“峻极云霄”，两侧为“凝岚”“叠翠”。石坊柱上，有一正一侧联，正联为“一幅湖山来眼底，万家忧乐注心头”，侧联为“滇海平波，鬟镜清漪真可鉴；西山雨霁，太华缥缈总凭登”。

进来就可见天王殿，天王殿单檐歇山顶，殿高近 20 米，占地 367.5 平方米。殿正中有一座木雕观音，站立在莲花神龛上，高约 2 米，双手合十，宽冠华服，璎珞蔽体，据闻此木雕系清康熙年间遗物。大殿两旁为彩绘四大天王塑像，各高 3 米，神情安然，不怒自威。背面塑的是韦驮神像，只见其披金甲，按剑踞地，相传此为光绪年间黎广修的作品，距今已百多年历史。

穿过庭院，即进入大雄宝殿，宝殿高近 30 米，占地 484 平方米。殿堂由 22 根明柱支撑，屋顶方檩子骨架，穿斗结构，外廊 4 个石鼓支撑 4 根巨柱，雕梁画栋，富丽堂皇。相传大雄宝殿始建于元大德十年（1306 年），历史悠久。大殿檐下悬挂着“如如不动”的横匾。大殿正中供有三世佛，高 3 米，正中为释迦牟尼佛，左右分别为药师佛和阿弥陀佛。释迦两侧还立着迦叶、阿难两弟子，相传此为元代作品。大殿两壁神龛上置铜铸镏金菩萨 14 尊，全为观音，通高 1 米。左右神龛正中分别为观音菩萨、准提菩萨。准提菩萨 17 臂，观音菩萨 19 臂，有如孔雀开屏环列身后。中心两手合十，上方两手持日、月，其余分别持如意幢、杨柳枝、莲花、澡罐、轮、圣瓶、绢索、经夹、无畏印、剑、罗、迦果、金刚杵、念珠等。大雄宝殿内的紫檀木雕宝殿，分上下两层楼阁，玉阶抱柱和飞檐斗拱系用数百块小木标接制而成，工艺精巧，玲珑剔透，是一件保存较好的艺术珍品。

太华寺的最高处是著名的大悲阁，始建于清代咸丰年间，后遭战火毁坏，光绪九年（1883 年）重修，占地 582 平方米。现大殿内有铜铸佛 3 尊，法身毗卢遮那佛，报身卢舍那佛，立身释迦牟尼佛，为康熙年间遗物。佛像面容慈善，金粉鎏身，各高 2.8 米。

大雄宝殿北侧面原为“思召堂”，是明初黔国公沐英的祠堂，近年来已重建成冷饮室、茶室。南侧为“映碧榭”，侧楼南侧中部凸出，成为亭台，伸进碧池之中。池约两亩见方，分大小两池，内有假山点缀，池周环以曲廊，山、水、楼、廊相衬，美不胜收。

大雄宝殿东面的“万顷楼”壁有康熙帝御书“世济其美”。碑铭：“登楼远眺，东浦彩虹，西山苍翠。朝观日出，浪花红艳；夕视归帆，百舟似箭。千艘蚁聚于云津，万舶蜂屯于城根。”

太华寺历经 700 年风雨走至现在，仍旧如昔，秀丽的风景始终伴随左右。当然，最能吸引人们的仍旧还是碑刻、浮雕和一棵历史悠久的银杏树。

走进寺去，如不阅碑刻典籍，人们恐怕很难知道太华寺的由来。从碑刻中人们可知太华寺为元大德年间梁王命建，并非民间寻常小寺。

浮雕在石栏之上，人们若不注意观察，恐难以见到。这浮雕石栏，说来有一段历史，它是吴三桂王府旧物，至今已有 300 多年的历史了。当年，明末边关重将吴三桂，冲冠一怒为红颜，决然背明，引清军入关，封平西王镇守云贵，并逼死南明永历帝，兴建王府，权势日重。后康熙深感“三藩”之势难平而断然削藩。吴三桂铤而走险，最终兵败洞庭。他苦心经营 20 载的王府，被拆而重修太华寺。

另外，太华寺的一景就是山门外的一棵银杏树，此树挺拔粗大，相传为建文帝手植。据传建文帝也曾僧居太华寺 5 年，而今树在，人已不再。太华寺仍旧巍峨如昔。

小知识◎安宁曹溪寺

曹溪寺位于昆明安宁温泉西侧 1000 米，地处龙山东麓，坐西向东，俯瞰螳螂川。它建于宋代大理国时期，寺内建筑现存大雄宝殿、后殿、钟鼓楼等。据闻该寺系广东省曹溪宝林寺僧来云南传布“顿悟成佛”的禅宗教义时所建，故名曹溪寺，至今已有八九百年的历史。

曹溪寺大雄宝殿具有宋代建筑风格，大殿正面是“西方三圣”（阿弥陀佛中坐，观音、大势至两菩萨左右胁侍），壁后是“华严三圣”（释迦中坐，文殊、普贤胁侍）木雕像，1956 年经中国佛教协会副会长周叔迦鉴定，乃宋代遗物。

曹溪寺内碑刻较多，其中后殿的《重修曹溪寺碑》最有价值。此碑为明代状元杨升庵撰文，记述了曹溪寺的风景名胜，有景有情，文笔生动。碑文写好后，由肖集仿唐朝著名书法家李北海的行书镌刻而成，故此被后人称为“三绝”名碑。其次，明崇祯皇帝朱由检御笔书写的“松风斗月”四字石匾，字大盈尺，笔力刚健，颇为后人所推崇。

大殿前院里，有一株古梅，相传为元代僧人所植，现在虽已干枯枝弱，仍不失为罕见的古树。院内有优昙花一棵，传说为西天竺和尚所种，树高丈余，枝叶分披，初夏开花，一开即谢。《安宁州志》记载：“花朵如莲，有十二瓣，闰月则多一瓣，色白味香，其种来自西域，亦婆罗花类也。”杨升庵称此花为“天宫分种”。清康熙时，总督范承勋曾为此花修“护花山房”，并挥毫题诗：“吾于泉石有奇缘，邂迈名花且不然。看花直到海之滇，灵苗一种芳且妍。”可见曹溪寺优昙花之奇异。

寺南约半公里，有一龙潭，直径两丈有余，水深约三四尺，潭水清澈见底，每日早、午、晚时，潭水沸腾，当地人称为“圣水三朝”，乃“安宁八景”之一。安宁诗人戴益俊写诗一首描绘道：“天一生来不定期，忽将潮汐寄涟漪。蟾光影射黄金色，龙口波流碧玉卮。吞吐清泉珠万斛，卷舒待漏信三时。个中消息谁为主，千古盈盈自有之。”

曹溪千年古寺景色优美独特，以其美妙而神奇的魅力，吸引着中外游客纷至沓来。

贵州省黄平县飞云崖月潭寺

飞云崖月潭寺坐落在黄平县城东南 12 公里处的黄平至镇远的公路干线旁边。这里古木参天，楼群典雅秀丽，是贵州省的风景名胜。清代雍正年间，鄂尔泰至此，曾手书“黔东第一胜景”

贵州省黄平县飞云崖月潭寺

飞云崖月潭寺是贵州名胜古迹中文献记述最详和游人题咏最多的一处，是保存完整和历史悠久的佛教胜地，属贵州第一古刹

云南昆明圆通寺大雄宝殿（又叫圆通宝殿）

圆通寺大雄宝殿建筑雄浑，气势恢宏

云南大理崇圣寺

崇圣寺，东对洱海，西靠苍山，位于云南省大理古城北约 1 公里处。以寺中三塔闻名于世，又称“大理三塔”，是中国著名的佛塔之一，1961 年被列为国家重点文物保护单位

图书在版编目（CIP）数据

重山烟雨存古刹：西南诸名寺 / 张美著. — 郑州：中州古籍出版社，2014.7
（华夏文库）
ISBN 978-7-5348-4676-2

Ⅰ. ①重… Ⅱ. ①张… Ⅲ. ①佛教－寺庙－史料－西南地区
Ⅳ. ①B947.275

中国版本图书馆CIP数据核字（2014）第030501号

华夏文库·佛教书系
重山烟雨存古刹：西南诸名寺

总 策 划　耿相新　郭孟良
责任编辑　萧　红
责任校对　周　靖
封面设计　新海岸设计中心
版式设计　曾晶晶
美术编辑　曾晶晶
责任印制　刘新毅
项目统筹　单占生　萧　红（执行）

出　版　中州古籍出版社
　　　　地址：河南省郑州市经五路66号
　　　　邮编：450002
　　　　电话：0371-65788693
经　销　新华书店
印　刷　河南新华印刷集团有限公司
版　次　2014年7月第1版
印　次　2014年7月第1次印刷
开　本　960毫米×640毫米　1/16
印　张　8.5印张
字　数　60千字
印　数　1-3000册
定　价　22.50元